D1728442

Aktuelle Frauenforschung
Band 5

Menstruationsverarbeitung bei Frauen mit Anorexia Nervosa

Lieselotte Voß

Centaurus-Verlagsgesellschaft
Pfaffenweiler 1990

CIP-Titelaufnahme der Deutschen Bibliothek

Voss, Lieselotte:
Menstruationsverarbeitung bei Frauen mit Anorexia Nervosa /
Lieselotte Voss. – Pfaffenweiler : Centaurus-Verl.-Ges., 1990.
    (Aktuelle Frauenforschung ; Bd. 5)
    Zugl.: Berlin, Freie Univ., Diss., 1989
    ISBN 3-89085-391-9
NE: GT

ISSN 0934-554X

Umschlagentwurf: Wilfried Gebhard, Maulbronn
Satz: Vorlage der Autorin
Druck: Difo-Druck GmbH, Bamberg

"Der Wille gnädige Frau, ist gleichsam
das Rückgrat der Seele, ist der Wille
beschädigt, so verliert die Seele ihren Halt ..."

Dr. Östermark in
August Strindberg: Der Vater

INHALTSVERZEICHNIS

9

I EINFÜHRUNG IN DIE PROBLEMATIK

1. Menstruation

Wenn man einmal von den jüngeren Untersuchungen der Projektgruppe zum Menstruationserleben am Institut für Medizinische
Psychologie in Berlin (SAWITZKI u. a. 1984, MAHR 1985,
FRANZES 1986, SAUPE 1987) absieht, findet das Thema Menstruation in der Fachliteratur wenig Beachtung. Erst das Auftreten
von Unregelmäßigkeiten des weiblichen Zyklus lenkt die
Aufmerksamkeit der Fachleute auf ein Thema, das als normale
gynäkologische Funktion scheinbar uninteressant ist.
So finden sich zu den Themenkreisen Prämenstruelles Syndrom
(d. h. Beschwerden, die mit Einsetzen der Blutung wieder
verschwinden) und Dysmenorrhoe (Beschwerden, die erst im
Verlauf der Regel auftreten) bedeutend mehr Untersuchungen
(vgl. BLOOM et al. 1978; AKERLUND 1979; LADISCH 1984
u. a. m.).

Relativ gut erforscht ist der biologische Ablauf des Zyk-
lusgeschehens. Die wenigen, meist verhältnismäßig kurzen
Ausführungen aus der Sicht der verschiedenen Disziplinen
stehen unabhängig nebeneinander und beeinflussen sich ge-
genseitig kaum.

Erst neuerdings entwickeln sich Bestrebungen von interdis-
ziplinärer Zusammenarbeit mit dem Ziel, alle mit der Menstruation zusammenhängenden Einflüsse zu erforschen und
darzustellen (KOMNENICH et al. 1981; FRIEDMAN 1982; MAHR
1985).
Im Rahmen des Projekts "Menstruationserleben" der o. g.
Arbeitsgruppe entstand die Frage nach dem Menstruationserleben von magersüchtigen Mädchen und Frauen.
Wir gingen davon aus, daß diese Frauen eine besondere
Einstellung zu ihrer Regelblutung haben, dies besonders
bei Berücksichtigung der Tatsache, daß bei vielen von ih-

nen die Regelblutung - z. T. vorübergehend - ausbleibt.

Ziel dieser Arbeit ist es zu untersuchen und aufzuzeigen, ob und gegebenenfalls wie sich das Menstruationserleben der Anorektikerinnen von dem 'gesunder' Frauen unterscheidet; zum Vergleich bot sich die Arbeit von MAHR (1985) aus der Projektgruppe zum Menstruationserleben an, die anhand einer Stichprobe von 598 Frauen Aussagen zum Menstruationserleben "von nicht in gynäkologischer Behandlung befindlichen Frauen" (MAHR 1985, S. 97) gewonnen hat.
Für prägnante Ergebnisse sollten Erklärungsansätze gesucht werden.

1.1 Die Menstruation aus biologischer Sicht

Dieser - vergleichsweise gut untersuchte - Bereich der Menstruation soll nachfolgend unter zwei Aspekten dargestellt werden: neuroendokrinologische Zusammenhänge der Menstruation und die Menstruation als Teil des weiblichen Zyklus.

1.1.1 Neuroendokrinologie

Die Regelblutung stellt innerhalb des weiblichen Zyklus die Abstoßung der zur Einnistung eines befruchteten Eies vorbereiteten Gebärmutterschleimhaut dar, wenn keine Befruchtung stattgefunden hat. Sie ist somit als Abbruchblutung Ausdruck einer zyklischen hormonalen Stimulation des Endometriums bei Ausbleiben einer Konzeption (TAUBERT 1982).

Dieses zyklische Geschehen basiert nach heutigem Wissen auf
einem Regelkreis der Ovarialfunktion unter Beteiligung von
Hypothalamus, Hypophysenvorderlappen und Ovar. Dabei übernimmt der Hypothalamus durch Bildung von Releasing-Hormonen
die Funktion eines Reglers, der Hypophysenvorderlappen als
Gonadotropingenerator die Funktion des Effektors und das
Ovar stellt durch seine Bildung von Steroidhormonen das
Stellwerk dar.
Die Beziehungen dieser drei Organe untereinander sind durch
ein positives (Stimulierung des zyklischen Sexualzentrums)
bwz. negatives (Hemmung des tonischen Sexualzentrums) Feedback gekennzeichnet (KERN 1977).

Darüber hinaus wirken übergeordnete kortikale Einflüsse über
den Hypothalamus auf die Regulation der Ovarialfunktion ein
und machen die leichte Störbarkeit dieses Regelkreises -
beispielsweise durch Streß - plausibel (SCHULZ 1981).

Aus einem markarmen, an kleinen Ganglienzellen reichen Gebiet
des Hypothalamus werden durch Neurosekretion Releasing-Hor-
mone gebildet und auf dem Blutwege dem Hypophysenvorderlappen zugeführt; dort steuern sie die Bildung und Freigabe
von Gonadotropinen und Prolaktin (KERN 1977).

Die Sekretion der hypothalamischen Hormone unterliegt
darüber hinaus einem sogenannten long-feedback, d. h. der
Steuerung durch Östrogen und Gestagen aus peripheren Orga-
nen, einem sogenannten short-feedback zwischen Hypophyse
und Hypothalmus und einem ultrashort-feedback, d. h.
einer Eigenregulation innerhalb des Hypothalamus
(SCHULZ 1981).

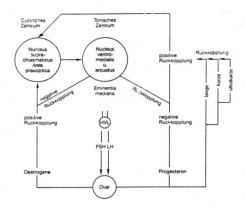

Abb. 1: Gegenwärtige Vorstellungen über die Rück-
kopplung ("feed back") im Regelkreis Hypo-
thalamus-Hypophysenvorderlappen-Ovar
aus: KNÖRR u. a.: Lehrbuch der Gynäkologie
und Geburtshilfe, 2. Aufl., Berlin 1982,
S. 45

Die Hormone des Hypophysenvorderlappens, Follikelstimulie-
rendes Hormon (FSH), Luteinisierendes Hormon (LH) und Prolaktin, sowie die Östrogene und Gestagene, zeigen im Zyklusverlauf charakteristische Plasmaspiegel.
Diesen hormonalen Veränderungen entsprechen Vorgänge an
Endometrium, Vagina, Ovar und Brustdrüse.

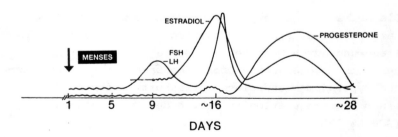

Abb. 2: Schematische Darstellung der Plasmakonzen-
trationen der Sexualhormone im Zyklusverlauf
aus: ROSENWAKS et al. (Hrsg): Gynecology:
principle and practice, New York/London 1987

Von anfangs niedrigen Basalwerten steigt die Konzentration
von FSH und LH in der Zyklusmitte steil an; dies ist mit dem
leicht vorgelagerten Östrogengipfel zu erklären, der über
positives Feedback die Sekretion der beiden Gonadotropine
auslöst. Der Abfall der LH-Konzentration löst den Follikel-
sprung aus; durch das entstehende Corpus luteum (Gelbkörper)
wird in der 2. Zyklushälfte vermehrt Progesteron gebildet,
was eine Erhöhung der Basaltemperatur zur Folge hat.
Bei Ausbleiben einer Konzeption führt die Rückbildung des
Corpus luteum zu einem abrupten Abbruch der Hormonprodukti-
on, was zur Abbruchblutung des proliferierten Endometriums
des Uterus führt, d. h.: die normale Menstruation ist Folge
des Hormonentzugs.
Welches Organ in diesem Zyklusablauf den Zeitgeber darstellt,
Hypothalamus oder Ovar, ist bis heute nicht eindeutig geklärt.

1.1.2 Menstruations-Zyklus

Obgleich die Regelblutung den funktionellen Aufbau des Endometriums, d. h. das Zyklusintervall, beendet, wird als
Zyklusbeginn der 1. Tag der Menstruation bezeichnet.

Als durchschnittliche Länge eines Zyklus werden 28 Tage zugrunde gelegt. Die erste Zyklushälfte wird als Follikel-
oder proliferative Phase bezeichnet, ihr schließt sich am
14. - 15. Tag der Eisprung und auf ihn folgend die Luteal-
oder Gelbkörperphase an. Physiologische Schwankungen innerhalb von ovulatorischen Zyklen beziehen sich meist auf die
erste Hälfte des Zyklus; die zweite Hälfte zeigt sich bemerkenswert konstant (SCHULZ 1981).
Zyklusintervalle von weniger als 25 Tagen werden als Polymenorrhoe, von mehr als 31 Tagen als Oligomenorrhoe bezeich-

net.

Die Wahrscheinlichkeit von anovulatorischen Zyklen steigt mit
stärker abweichender Zyklusdauer (CUTLER u. a. 1979).
Die Frage, ob es sich bei Oligomenorrhoe und Polymenorrhoe
wirklich um Abweichungen von der Norm oder um Normvarianten
handelt, wird bei MAHR (1985) erörtert. Sie zeigt anhand
einer Zusammenstellung von Untersuchungsergebnissen größe-
rer Stichproben, daß die durchschnittliche Zykluslänge für
sehr viele Frauen vom 28-Tage-Rhythmus abweicht.
ZANDER u. a. (1969), aber auch KEPP u. a. (1982) gehen sogar
davon aus, daß 28-Tage-Zyklen nur bei 1 % aller Frauen zu
finden seien.

KERN (1977) beschreibt Abhängigkeiten zwischen Zyklusdauer und Alter; so sollen Mädchen zwischen 13 - 17 Jahren
durchschnittlich längere Zyklen haben als Frauen zwischen
40 - 52 Jahren. Es bestehen individuelle Unterschiede, aber
auch Unterschiede bei der Zykluslänge der gleichen Frau
(MAHR 1985).

Nicht nur die Zykluslänge, auch die Blutungsdauer unterliegt z. T. erheblichen Schwankungen; auch hier scheinen für
ältere Frauen kürzere Zeiträume zu gelten. Darüber hinaus
gilt eine Abhängigkeit von der jeweils angewandten kontra-
zeptiven Methode als erwiesen (ZANDER u. a. 1969).

Ausgehend von einer normalen Blutungsdauer von 3 - 6 Tagen
werden kürzer andauernde Blutungsphasen als Brachymenorrhoen,
länger anhaltende als Menorrhagien bezeichnet.
Auch bei der Blutungsmenge spielt die Art der Kontrazeption
eine Rolle. So führt eine hormonale Kontrazeption beispielsweise oft zu einer verringerten Blutungsmenge und einer kür-
zeren Blutungsdauer (EBERT u. a. 1982).
Hypomenorrhoe bezeichnet hierbei den zu geringen, Hypermenor-
rhoe den zu starken Blutfluß.

1.2   Die Menstruation aus gynäkologischer Sicht

Wie oben bereits erwähnt, führen erst Abweichungen und Beschwerden im Zusammenhang mit der Regelblutung zur besonderen
Beachtung der Menstruation. Dabei sind die in der gynäkologischen Praxis am häufigsten genannten Beschwerden:

- Abweichungen vom Blutungsrhythmus
- dysfunktionelle, d. h. zusätzlich zur Regel-
  blutung während der Zyklusphase auftretende
  Blutungen
- Anomalien der Menstruationsblutung, wie Hyper-,
  Hypo- und Brachymenorrhoe sowie Menorrhagie.
  Hier sind besonders die Dysmenorrhoe (Beschwerden
  nur während der Blutung) und das prämenstruelle
  Syndrom (Beschwerden in den Tagen vor Regelbe-
  ginn, die mit Einsetzen der Blutung wieder verschwinden) zu nennen (STEINER u. a. 1977).
  Unter "perimenstruellen Symptomen" sind beide
  Beschwerdebereiche zusammengefaßt; dieser Begriff wird von einigen Autoren besonders deshalb bevorzugt, weil ein Teil der prämenstruellen Beschwerden durchaus auch während der Blutungsphase auftritt und deshalb eine klare Trennung erschwert (BEUMONT u. a. 1978; WEBSTER 1980).
- Zyklusstörungen.

Die extremste Form der Zyklusstörungen, die in einer Störung
des oben beschriebenen Regelkreises begründet sein können,
aber auch ihre Ursache in einer Erkrankung endokriner Drüsen
oder peripherer Erfolgsorgane haben können, ist die Amenorrhoe:

Man unterscheidet zwei Formen von Amenorrhoe, die primäre
und die sekundäre Amenorrhoe.
Von primärer Amenorrhoe spricht man dann, wenn die Menarche

nach Ablauf des 18. Lebensjahres noch nicht eingetreten ist; dies unabhängig davon, ob andere Zeichen der Geschlechtsreife fehlen oder vorhanden sind. Die primäre Amenorrhoe ist das auffälligste Merkmal von vielen Störungen der Geschlechtsentwicklung völlig unterschiedlicher Genese, z. B. fetale Entwicklungsstörungen (KERN 1977).

Als sekundäre Amenorrhoe bezeichnet man ein Aussetzen der Menstruation nach stattgehabter Menarche bzw. Regelblutung. Über den Zeitraum, für den die Menstruation im Sinne von sekundärer Amenorrhoe ausfallen muß, gibt es in der Literatur verschiedene Angaben. So schreiben beispielsweise KERN (1977) und MEERMANN/VANDEREYCKEN (1987) von mindestens 3 Monaten, SPRINGER-KREMSER (1983) von mindestens 6 Monaten ohne Regelblutung.
Eine sekundäre Amenorrhoe während Gravidität und Stillzeit gilt als physiologisch. Daneben kann sie durch eine Reihe von Störungen sowohl im Reproduktionssystem als auch durch extragenitale Faktoren hervorgerufen werden.

Für diese Arbeit von besonderer Bedeutung ist die als psychogene Fehlfunktion des Hypothalamus (KERN 1977) oder als zentrale Form (PRILL/LANGEN 1983) bezeichnete Form der sekundären Amenorrhoe. Sie ist abzugrenzen gegen eine hypophysäre Ovarialinsuffizienz (eher seltene, durch Tumoren, Blutungen oder Nekrosen ausgelöste Form), gegen die - ebenfalls seltene - Ovarialinsuffizienz bei anatomisch nachweisbaren Ovarialveränderungen (z. B. Stein-Leventhal-Syndrom) und zur sekundären Amenorrhoe bei intakten Ovarialzyklen, jedoch hormonunempfindlichem Erfolgsorgan, z. B. nach Zerstörung des Endometriums (KERN 1977).

Bei der genannten sekundären Amenorrhoe infolge psychogener Fehlfunktion werden wiederum zwei Formen unterschieden: die reaktiv-psychogene Fehlfunktion, auch Notstandsamenorrhoe (vgl. Kap. I. 2.7), bei der wegen eines psychischen Traumas/

Streß, wie Flucht, Haft, Trauer usw. die Ovarialfunktion
ausfällt. Weder äußerlich noch endokrinologisch sind diese
Frauen auffällig; die Spontanheilung erfolgt hier meist,
sobald das Trauma überwunden ist.
Von dieser Form sicherlich nicht immer eindeutig abzugrenzen
ist die sekundäre Amenorrhoe im Zusammenhang mit Anorexia
nervosa. Bei meist bereits disharmonisch verlaufender Ado-
leszenz fällt bei diesen Mädchen oft die mangelhafte Entwicklung der sekundären Geschlechtsmerkmale, besonders der Mammae
auf; im Vordergrund steht jedoch der häufig extreme Gewichtsverlust.

1.3   Die Menstruation aus psychosomatischer Sicht

Wenn auch der Einfluß psychischer Faktoren auf den Menstrua-
tionszyklus unumstritten ist, so gilt dennoch auch hier, daß
psychische Zusammenhänge erst dann untersucht und beschrieben
werden, wenn Zyklusstörungen oder Beschwerden auftreten.
Als Ausnahme sei hier die Untersuchung von BENEDEK und RUBEN-
STEIN (1942) genannt, die anhand von 152 Zyklen bei 15 Frauen
Zusammenhänge zwischen weiblicher Psyche und Zyklus aufzei-
gen. Unabhängig voneinander verglichen verschiedene Unter-
sucher Vaginalabstriche und Basaltemperaturen und machten
parallel psychoanalytische Beobachtungen. Zusammengefaßt
kamen sie zu dem Ergebnis, daß die Produktion von Östrogenen
(1. Zyklusphase) im Zusammenhang mit gesteigerten sexuellen
Aktivitäten steht, während die Progesteronphase (2. Zyklushälfte) eher passive und rezeptive Tendenzen in Bezug auf
das Triebverhalten zeigt (auch zentrifugale bzw. zentripedale
psychodynamische Tendenzen genannt). Interessanterweise gingen dabei die psychologischen Veränderungen den Veränderungen
der Vaginalabstriche voraus.

Besonders gut untersucht ist die psychogene oder emotionale
Amenorrhoe (BASS 1947; ROSENKÖTTER u. a. 1968; DIEDERICHS
1976 u. a. m.). So bezeichnet beispielsweise SCHREINER (1971)
die psychogene Amenorrhoe als die zahlenmäßig größte Gruppe
der sekundären Amenorrhöen.

SPRINGER-KREMSER (1983) beschreibt drei Möglichkeiten der
psychischen Reaktion auf die Menstruation

- Verleugnung
  Das Mädchen verhält sich so, als ob es
  nicht blute; oft intensiviert es sogar
  bestimmte Aktivitäten und ist betont leger.
- Opferverhalten
  Häufig durch eine weibliche Bezugsperson er-
  lerntes Verhalten. Ein Beispiel dafür ist
  die Dysmenorrhoe, die meist Aufmerksamkeit
  und Zuwendung aus der Umgebung bewirkt.
- prämenstruelles Syndrom
  Durch gesteigerte Aggressivität, Reizbarkeit
  und depressive Verstimmungen charakterisierte
  Reaktion, die meist wenige Tage vor der Blutung einsetzt und mit ihrem Beginn wieder ab-
  klingt.

Die psychologische und soziale Bedeutung der Menstruation
für die jeweilige Frau ist also wesentlich für die Konflikte, die zu psychosomatischen Störungen des Zyklus bzw.
der Menstruation führen.
In diesem Sinne sind diese Störungen - z. B. die sekundäre
Amenorrhoe - als psychosomatische Symptome unterschiedlicher
zugrundeliegender Störungen anzusehen, nicht als Diagnose;
ihre ursächlichen Konflikte sollten als eine Art psychologi-
scher Ganzheitsdiagnose festgestellt und erst dann in Angriff
genommen werden.

1.4 Die Menstruation aus sozialer und kultureller Sicht

Die sog. sexuelle Liberalisierung der 60er und 70er Jahre
erfuhr zwar wegen der Bedrohung durch AIDS, einer Infektions-
krankheit des Immunsystems, in den 80er Jahren eine Dämpfung,
hat aber dennoch ein verändertes (Selbst-)Bewußtsein vieler
Frauen bewirkt. Die Folge ist eine unbefangenere Haltung zu
Sexualität, Schwangerschaft, Schwangerschaftsverhütung und
-abbruch sowie Geburt.
Ausgenommen von dieser Befreiung ist der Bereich Menstruation.
Das Tabu um dieses, von jeder Frau während eines Großteils
ihres Lebens monatlich erlebte Ereignis, ist nur in Bezug auf
die Sexualhygiene gelockert. Hersteller von Tampons, Binden
oder Intimsprays gehen in der Werbung für ihre Produkte
jedoch eindeutig wertend vor und unterstützen so die gängige
Meinung, daß die Menstruation etwas Lästiges, Schmutziges und
als Makel zu verbergen sei.

Die anderen Bereiche der Menstruation finden keine Öffent-
lichkeit. Die Sprachlosigkeit drückt sich auch darin aus, daß
selten offen über die Regelblutung gesprochen wird; meist
werden Andeutungen oder Umschreibungen benutzt, wenn das
Thema "Tage" überhaupt erwähnt wird, was meistens in Zusammenhang mit Beschwerden steht.
Diese sind sicherlich abhängig von sozial und kulturell bedingten Stereotypien und können teilweise als "self-full-
filling" (CLARKE u. a. 1978) interpretiert werden.
Leider besteht über das Ausmaß des Einflusses von sozialen
und soziokulturellen Gegebenheiten auf die Menstruation
keine Klarheit. Sicher ist, daß die Regeln und Verhaltensweisen im Umgang mit Menstruation jedem heranwachsenden Mädchen
größtenteils wortlos vermittelt werden. Hinzu kommen häufig
altüberlieferte Handlungsanweisungen; so sollen in unseren
Kulturkreisen nach der Überlieferung menstruierende Mädchen
und Frauen keine Pflanzen setzen, nichts einwecken, nicht zum

Friseur gehen und ihre sportlichen Aktivitäten einschränken.
Das gesellschaftliche Tabu, das Gesetz der Verheimlichung,
erscheint als etwas Selbständiges - es ist nicht erkennbar
als ein von Menschen für Menschen gesetztes Verbot (SCHRÖTER
1985). Hinzu kommt die Erfahrung des Mädchens über die Stellung der Frau innerhalb der Gesellschaft, in deren Kontext
die Menstruation zu sehen ist.
So wurde/wird in Gesellschaften, in denen Frauen ein höheres
Ansehen genossen/genießen, eine menstruierende Frau wegen der
ihr zugemessenen mythischen und magischen Kräfte besonders
verehrt. Dies drückt sich auch oft bereits in der Sprache
aus: So ist die ursprüngliche Bedeutung von "rein" und
"unrein" in der arabischen Sprache von dem Wort Menstruation
abgeleitet und das "wakan" der Dakota-Indianer bedeutet
"spirituell", "wunderbar" oder "menstruell" (BRIFFAULT 1969).
Andererseits darf nicht übersehen werden, daß gerade diese,
nicht exakt faßbaren Eigenschaften, durch ihre angstbesetzte
Komponente auch zum Entstehen der Ausgrenzung und zum menstruellen Tabu geführt haben.
Dieses Tabu hat eine lange Geschichte und ist in fast allen
Völkern und Kulturen in unterschiedlicher Ausprägung zu
finden. Von einer ursprünglich positiven Bedeutung im Ma-
triarchat entwickelte es sich mit den gesellschaftlichen
Veränderungen des aufkommenden Patriarchats. Zunehmend galten
menstruierende Frauen nun als unrein und bedrohlich, sogar
als vergiftet; deshalb wurden sie in einigen Kulturen iso-
liert von der Dorfgemeinschaft in eigens dafür vorgesehenen
Hütten untergebracht (FRICK u. a. 1983).
Zu weiteren sozialen Einflüssen auf die Menstruation sei auf
MAHR (1985) verwiesen, die sehr ausführlich die zu diesem
Thema vorhandene Literatur referiert.

1.5   Die Menarche

Die erste Regelblutung - meist im Alter von 12 - 13 Jahren -
wird von manchen Mädchen schon sehnlichst erwartet, etwa
weil mit ihr ein sozialer Aufstieg im Klassengefüge verknüpft
ist. Anderen macht sie mit erschreckender Deutlichkeit ihre
Weiblichkeit klar, wenn sie bis dahin vielleicht Geschlecht-
losigkeit oder Jungensein vorgezogen haben.

Für beide Positionen dürfte jedoch in unserem Kulturkreis
dieses Zeichen körperlicher Reife und die damit verbundene
potentielle Möglichkeit der Mutterschaft in Anbetracht der
noch fehlenden intellektuellen, emotionalen und sozialen
Reife eher ein Konfliktpotential als ein positives Ereignis
darstellen.

Mit der Menarche tritt wohl eine verstärkte Auseinandersetzung mit der eigenen Geschlechtsrolle ein (RIERDAN u. a.
1980). Das Mädchen muß erkennen, daß das Ereignis der Menstruation - zumindest zum gegebenen Zeitpunkt - nicht erfor-
derlich oder gar sozial erwünscht ist. Denn Sexualität im
Sinne von Partnerschaft muß zum Zeitpunkt der Menarche in den
meisten Fällen - auch zugunsten einer Ausbildung - zurück-
stehen. Es ist daher kaum verwunderlich, daß die durch die
Menarche gegebenen Möglichkeiten verbunden mit dem gleich-
zeitigen Verbot, sie zu nutzen, ein positives Erleben der
Menarche und - daran anschließend - oft auch der Menstruation
zumindest erschweren, wenn nicht sogar unmöglich machen.

So ist in einer Untersuchung im Rahmen der Berliner Men-
struations-Studie bei 45 % von 598 Frauen die Menarche mit
deutlicher Abwehr und Erschrecken behaftet. Nur 1/3 der
Frauen erinnert sich an positive Gefühle im Zusammenhang mit
der ersten Regelblutung (SAWITZKI/MAHR 1984).

1.6   Menstruation und Sexualität

Wenn auch die Sexualität zum Zeitpunkt der Menarche in unserem Kulturkreis in der Regel eher eine potentielle als
eine zu nutzende Möglichkeit darstellt, so verschiebt sich
dies im Laufe der Pubertät, in der eine geschlechtliche
Identifikation und sexuelle Erprobungsversuche stattfinden.
Die individuelle Sexualaufklärung spielt für das Gelingen
dieser Entwicklung eine zentrale Rolle und damit auch für
die Einstellung zur Menstruation, die einen wichtigen Be-
standteil weiblicher Sexualität darstellt (SAWITZKI/MAHR
1984).

Eng verknüpft mit der sexuellen Entwicklung des Mädchens
ist die Frage der Schwangerschaftsverhütung (in den letzten Jahren auch zunehmend der Schutz vor einer HIV-Infek-
tion) und in vielen Fällen gilt die auftretende Menstruation als Zeichen der erfolgreichen Anwendung der gewählten
Methode.

Untersuchungen zum Sexualverhalten während der einzelnen
Zyklusphasen bzw. der Monatsblutung liefern erhebliche
Widersprüche. SAWITZKI und MAHR (1984) stellen eine Reihe
solcher Ergebnisse gegenüber und kommen zu dem Schluß, daß
Parameter wie allgemeine Stimmungslage und Qualität der
Partnerbeziehung als Ursachen für unterschiedliches sexuelles
Verhalten in künftigen Untersuchungen mehr Gewicht zukommen
sollte. Darüber hinaus sollten Einstellungsunterschiede bei
der Frage nach Geschlechtsverkehr während der Menstruation
mehr berücksichtigt werden. So sind sicherlich auch oder
besonders aufgrund kultureller Unterschiede in asiatischen
Ländern ca. 90 % der Frauen der Meinung, daß sexuelle Kontakte während der Blutung zu vermeiden seien, in Groß-
britannien dagegen nur ca. 50 %. Auch religiöse Anschau-
ungen werden sich in solchen Überzeugungen niederschlagen.

Bemerkenswert ist in diesem Zusammenhang, daß zwar 60 %

der in der genannten Berliner Studie erfaßten Frauen auch
während der Menstruation Geschlechtsverkehr haben, jedoch
nur 44 % dieser Frauen angeben, daß dies genauso gern ge-
schieht wie sonst. Diese Zahlen sind durchaus im Sinne eines
inneren Kampfes der Frauen gegen das Menstruationstabu zu
interpretieren, eines Tabus, das trotz einer Erziehung zu
Verheimlichung und Verstecken überwunden wird, jedoch mit
ambivalenten Gefühlen. Wenn die Überwindung nicht gelingt,
was in der Studie bei 40 % der Frauen der Fall ist, wird dies
von vielen Frauen mit einer Rücksichtnahme auf den Partner
begründet. SAWITZKI und MAHR vermuten aufgrund einer genaue-
ren Datenanalyse, daß hier häufig von Projektionen der eigenen Problematik auf den Partner ausgegangen werden kann.

2. Die Magersucht (Anorexia nervosa)

2.1 Definition

Nach heutigem Wissensstand sind Fälle von Anorexia nervosa
schon seit der Antike bekannt. HABERMAS (1984) beschreibt
den Fall einer "Wunderfasterin" aus dem 9. Jahrhundert als
den von ihm vermuteten ersten dokumentierten Fall von Ano-
rexia nervosa.
Der früheste allgemein akzeptierte Bericht ist aus dem 16.
Jahrhundert und wird SIMONE PORTA, einem genueser Arzt,
zugeschrieben.
Die erste detaillierte Falldarstellung stammt offensichtlich von RICHARD MORTON, einem englischen Arzt des 17.
Jahrhunderts. Aufgrund seiner Beobachtungen kam er zu dem
Schluß, "daß die 'nervöse Schwindsucht' 'Traurigkeit und
ängstlichen Sorgen' entstammte" (SELVINI PALAZZOLI 1986,
S. 18).
Seither wurde die Anorexia nervosa aus den verschiedensten
Blickwinkeln durchleuchtet und beschrieben und hat besonders
in den letzten 20 Jahren, als sich die Zahl der Erkrankungen
rapide erhöhte, verstärkte Aufmerksamkeit auf sich gezogen.

Als Anorexia nervosa bzw. Magersucht soll in dieser Arbeit
ein "schonungsloses Streben nach übermäßiger Schlankheit"
(BRUCH 1987, S. 16) verstanden werden, das als echte oder
primäre Anorexia nervosa von starken Gewichtsverlusten infolge
anderer Gründe unterschieden werden muß (THOMÄ 1961; BRÄUTI-
GAM/CHRISTIAN 1973). Es ist fast ausschließlich bei Mädchen
und Frauen aus überwiegend geordneten, eher privilegierten
Verhältnissen anzutreffen und beruht auf einem starken Streben
nach Kontrolle und Identität (BRUCH 1973) sowie auf einer
grundlegenden Auseinandersetzung mit der eigenen Person, der
Welt und der eigenen Existenz (SELVINI PALAZZOLI 1986).

Eine auslösende Situation ist häufig nicht nachzuweisen; jede

Krisensituation scheint bei entsprechender Disposition das
Auftreten der offenkundigen Symptomatik auslösen zu können.
Die sexuelle Versuchungssituation scheint dabei häufig eine
Rolle zu spielen (HERTZ/MOLINSKI 1979).

Folgende charakteristischen Symptome werden in unterschiedlicher Ausprägung in der Literatur übereinstimmend beschrieben:

Auffälligstes Merkmal ist die durch totale oder partielle
Nahrungskarenz erreichte, oft lebensbedrohliche Gewichtsreduktion, häufig unterstützt durch zusätzliche Maßnahmen, wie
selbstinduziertes Erbrechen und/oder exzessiven Laxantienabusus.

Ein weiteres Merkmal ist die meist vorhandene Überaktivität,
die oft schon vor der Gewichtsabnahme einsetzt (BRUCH 1973;
SELVINI PALAZZOLI 1986), und soweit führt, daß Magersüchtige, die stationär versorgt und zum Teil künstlich ernährt
werden müssen, nur in extremem Abmagerungszustand und "bei
völliger Erschöpfung" im Bett verbleiben. Aber "auch dann
sind sie noch überbeschäftigt, stricken, lernen für die
Schule, studieren" (BRÄUTIGAM/CHRISTIAN 1973, S. 78).

Fast immer ist die Magersucht mit einem Ausbleiben der Menstruation (sekundäre Amenorrhoe) verbunden, so daß dieses
Merkmal ein wichtiges Kriterium bei der Differentialdiagnose
darstellt. Dabei scheint das Vorhandensein von anorektischem
Verhalten eine stärkere Rolle zu spielen als die Höhe des
Körpergewichts bei Ausfallen der Menstruation. Auch die Tatsache, daß die Amenorrhoe oft schon vor oder zeitgleich mit
großen Gewichtsverlusten auftritt, führte dazu, daß an einer
psychogenen Komponente heute keine Zweifel mehr bestehen
(THOMÄ 1961; ALEXANDER 1971), nachdem das Ausbleiben der
Menstruation früher meist als Folge des Abmagerungszustandes
interpretiert wurde.

Zum differentialdiagnostischen Erscheinungsbild der Magersucht gehören ferner hartnäckige Obstipationen, die als
Begründung für das Einnehmen von - oft massenhaften Mengen
an - Abführmitteln dienen.

Neben diese eher medizinisch-naturwissenschaftlichen (objektiven) Kriterien stellt BRUCH Diagnosemerkmale, die mehr am
subtilen Erleben der Magersüchtigen orientiert sind. Dabei
beschreibt sie als fundamental und charakteristisch für das
Krankheitsbild folgende drei Kriterien:

- Störung der Körperwahrnehmung
- Unfähigkeit, Körpersignale zu empfangen, sie richtig zu
  identifizieren und angemessen darauf zu reagieren
- lähmendes Gefühl der Ohnmacht und Unzulänglichkeit,
  verbunden mit der Überzeugung, völlig fremdbestimmt zu
  sein (BRUCH 1973).

Die Diagnose Anorexia nervosa wird meist durch Ausschluß
organischer Ursachen für die genannten Symptome gestellt,
wobei besonderes Augenmerk auf somatische Erkrankungen gelegt wird, die mit zunehmender Kachexie einhergehen. Dazu
zählen die Tuberkulose, bösartige Tumoren, hormonelle bzw.
endokrinologische Störungen, aber auch eine hypophysär be-
dingte Anorexie, wie beispielsweise die früher häufig mit
der Anorexia nervosa verwechselte Simmond'sche Krankheit,
deren Ursache in einer Hypophysenvorderlappeninsuffizienz
besteht.

Daneben müssen hohe Gewichtsverluste infolge psychischer
Ursachen differentialdiagnostisch berücksichtigt werden. Zu
denken ist hierbei z. B. an hysterisches Erbrechen, Schluck-
phobien, Dysphagie u. ä., aber auch an endogene Psychosen,
Zwangsneurosen oder Schizophrenieformen, die ebenfalls mit
extremer Abmagerung einhergehen können (GAST 1986).

Abschließend sei erwähnt, daß die synonyme Verwendung der
Begriffe Anorexia nervosa und (Pubertäts-)Magersucht zwar
gebräuchlich, aber nicht korrekt ist. Der Begriff Anorexia
nervosa "wird nicht in seinem etymologischen Sinn (grie-
chisch Anorexis = fehlendes Verlangen)" benutzt (SELVINI
PALAZZOLI 1986, S. 18). Es handelt sich ja nicht um einen
nervösen oder anders bedingten Appetitmangel, sondern im
Gegenteil um einen willentlichen, bewußten Akt, der meist
trotz eines starken Hungergefühls und explizitem Interesse
am Essen stattfindet, was sich häufig in Heißhungeranfäl-
len manifestiert (GAST 1986).

Aus diesem Grunde wäre es sinnvoller und zutreffender, der
Bezeichnung "Pubertätsmagersucht" den Vorzug zu geben. Da
unsere Stichprobe nicht nur aus sich in der Pubertät
befindlichen Mädchen besteht, sondern auch bzw. überwiegend
Frauen zwischen 20 - 40 Jahren erfaßt, werden jedoch auch
hier beide Begriffe nebeneneinander Verwendung finden.

2.2   Der spezifische Konflikt (Psychogenese)

Es gibt zahlreiche verschiedene Erklärungsmodelle für die
Ätiologie und Pathogenese der Anorexia nervosa; ein Großteil
davon gilt derzeit noch als hypothetisch und empirisch unge-
sichert. Wir schließen uns der Meinung MEERMANNs und VANDER-
EYCKENs (1987) an, die zwei Punkte als besonders wichtig für
eine entsprechende Einschätzung hervorheben:

- eine multidimensionale Sichtweise, die sich aus
  somatischen, psychologischen und sozialen Faktoren
  und deren komplexem Zusammenspiel aufbaut
- eine entwicklungsbezogene Betrachtungsweise,
  d. h. die Berücksichtigung eines Zeit-Faktors und
  der Abhängigkeit der Kausalfaktoren untereinander am
  Anfang und im Verlauf der Krankheit.

Sie verdeutlichen dies anhand eines von GARNER und GARFINKEL
(1980) vorgeschlagenen Modells, das zwischen prädisponieren-
den, begünstigenden und aufrechterhalten Faktoren unterscheidet:

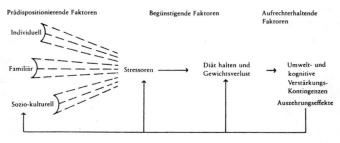

Abb. 3: Anorexia nervosa als eine multikausale Krankheit
        aus: GARNER & GARFINKEL: Socio-cultural factors
        in the development of anorexia nervosa, Psycho-
        logical Medicine, 10 (1980)

Im Rahmen der Magersuchtdiskussion scheinen uns aus der Fülle
der verschiedenen theoretischen Konzepte drei von besonderer
Bedeutung. Sie sollen hier grob skizziert werden, um eine

Einordnung dieser Untersuchung in den Gesamtzusammenhang der
Problematik zu erleichtern.

2.2.1 Der psychoanalytische Ansatz

Der psychoanalytische Ansatz sieht in der Magersucht eine
Entwertung und Ablehnung der Weiblichkeit vor dem Hintergrund verdrängter, unbewußter Konflikte.
Die genital-sexuelle Entwicklungsstufe wurde nicht erreicht,
stattdessen erfolgte eine Regression in die orale Phase, aus
der heraus jeder Triebwunsch verleugnet und abgewehrt wird;
Rationalität und Gefühlsabwehr schlechthin sind für die
Persönlichkeitsstruktur der Magersüchtigen bezeichnend. Eine
chrakteristische Form der Abwehr unerwünschter Triebregungen
ist die Verleugnung des Hungers, der Gewichtsabnahme und im
weiteren Verlauf der Krankheit schlechthin.
Die Magersucht wird als Versuch interpretiert, sowohl körperlich als auch seelisch einen Zustand sexueller Neutrali-
tät zu erreichen, und durch Loslösung aus körperlichen und
emotionalen Abhängigkeiten langsam völlig autonom zu werden
(THOMÄ 1961, 1963; BRÄUTIGAM/CHRISTIAN 1973).

Besondere Beachtung unter den Vertretern dieses analyti-
schen Modells verdienen u. E. - sicherlich nicht zufällig -
zwei weibliche Autoren:
HILDE BRUCH und MARA SELVINI PALAZZOLI.

BRUCH zeichnet aus einer eher psychodynamischen Sichtweise
ein sensibles Bild der Betroffenen in ihrer Magersucht und
stellt die Relevanz sozialer Lernprozesse im Rahmen früher
Interaktionserfahrungen für die Entwicklung des persönlichen
Körpergefühls in prägnanter Weise dar.
Sie bewegt sich dabei auf einer streng individualisierenden

Ebene, indem sie sich fast ausschließlich auf die Mutter-
Tochter-Interaktion im engen Sinne bezieht, auf die Störung
in einer psychologischen (Ich-)Entwicklung der Patientin
schon in der frühesten Phase der Wahrnehmung körperlicher
Vorgänge; die gesellschaftlichen Strukturen und patriarcha-
lisch definierten Frauenbilder bleiben dabei überwiegend un-
berücksichtigt (GAST 1986).

SELVINI PALAZZOLI verfolgt unter Bezug auf den BRUCHschen
Ansatz ein eher dynamisch-analytisches Konzept.
Auch sie sieht die Magersucht in der Mutter-Tochter-Beziehung begründet, macht sich aber nicht den BRUCHschen lern-
theoretischen Ansatz zu eigen, "sondern bedient sich überwiegend der psychoanalytischen Theoriebildung als Bezugsrah-
men ihrer Analyse" (GAST 1986, S. 64).
Ausgehend von Objektbeziehungstheorien strebt sie einen
interpretativen Zugang zur Magersucht an, um die binnen-
psychische Spaltung in ihrer Abhängigkeit zu früheren Ob-
jekterfahrungen nachvollziehbar zu machen. Bei SELVINI
PALAZZOLI gibt es darüber hinaus Ansätze einer Berücksichtigung von sozialen und gesellschaftlichen Faktoren besonders im Hinblick auf die Epidemiologie der Magersucht.

2.2.2 Der familientherapeutische Ansatz

Innerhalb der Magersucht(therapie-)forschung haben in den
letzten Jahren die familientherapeutischen Ansätze einen
neuen Schwerpunkt gebildet.

Anlaß hierfür waren Beobachtungen massiver Spannungen zwischen den Magersüchtigen und den übrigen Familienmitgliedern
sowie Spannungen der Familienmitglieder untereinander, die
nicht ausschließlich Folge des Eßverhaltens der Anorektike-

rin sein konnten. Es war zu vermuten, daß die Beziehungs-
störungen "im Sinne eines interaktionistischen Ansatzes
nicht nur als Krankheitsfolge verstanden werden können"
(GAST 1986, S. 72).
Noch deutlicher formulieren es HERTZ und MOLINSKI: "Ätiolo-
gisch handelt es sich ... oft um eine komplex aufgebaute und
nur schwer zu durchschauende Familienneurose"
(HERTZ/MOLINSKI 1979, S. 33).

Auffällig waren ebenfalls überraschend hartnäckige Wider-
stände seitens der Familienmitglieder gegen eine Behandlung
der Magersüchtigen, dies insbesondere dann, wenn eine sta-
tionäre Aufnahme anstand. (Zu familiären Auffälligkeiten
vgl. auch Kapitel I. 1.4)

Als eine Vertreterin des familientherapeutischen Konzepts
sei hier SELVINI PALAZZOLI genannt. Sie führte den Begriff
der Familie als kybernetisches (selbstregulatorisches)
System ein, das in einem umschriebenen Umkreis (Homöo-
stase) zur Konstanz tendiert und untersucht deshalb, "ob
eine Familie mit einem Mitglied, das als magersüchtig dia-
gnostiziert wurde, ein typisches System darstellt oder
nicht" (SELVINI PALAZZOLI 1986, S. 232).
Interessenten am Instrumentarium, das von den verschiedensten
Kapazitäten der Familienforschung benutzt wird, seien auf
SELVINI PALAZZOLIs Veröffentlichung 'Magersucht' (1986)
verwiesen, wo sie in Teil 4 ausführlich ihre in jüngerer
Zeit praktizierte Familienpsychotherapie beschreibt.

2.2.3 Der 'feministische' Ansatz

Der Begriff 'feministisch' findet hier ohne weitere Erör-
terung Verwendung als gängige Vokabel bei jungen Frauen in

der heutigen Zeit.

Im Rahmen der <u>feministischen Modelle</u> zur Magersucht werden
Aspekte der Ambivalenz bzw. Ablehnung des weiblichen Rollen-
bildes hervorgehoben. Magersucht als Rebellion gegen die
'Feminisierung' des Mädchens drückt sich sowohl in Ablehnung
der weiblichen Formen als auch in Übertreibung des Idealbil-
des "schlank sein" aus. Beides unterstreicht die Tendenz zu
einem geschlechtlosen Äußeren und wird als Versuch der Frauen
gedeutet, akzeptiert zu werden, auch ohne die an die Frau
gestellten Erwartungen zu erfüllen. Von Vertretern dieses
Ansatzes wird in besonderer Weise die Benachteiligung der
Frau in der Gesellschaft hervorgehoben, dagegen finden Inter-
aktionen innerhalb der Familie sowie kulturelle Hintergründe
kaum Beachtung (ORBACH 1979).

Ein bemerkenswertes Modell, das hier leider nur bruchstück-
haft Erwähnung finden kann, stammt von LILLI GAST. Sie
übernimmt die bereits erwähnte konfliktbesetzte frühkind-
liche Mutter-Tochter-Beziehung aus dem psychoanalytischen
Modell als Quelle der Magersucht, definiert diese jedoch
gleichzeitig als "Hohlspiegel patriarchal-gesellschaftlicher
Strukturen" (1986, S. 109). Unter Bezug auf eine Studie von
HRABA und GRANT (JANSSEN-JURREIT 1976) unterstellt sie, daß
selbst Kleinkinder unmittelbare und sehr realitätsgerechte
Vorstellungen von gesellschaftlichen Machtverhältnissen
entwickeln können. Entsprechend erlebt auch die zukünftige
Magersüchtige "die Hierarchie zwischen den Geschlechtern sehr
genau. Die Welt, mit der sie nicht zuletzt durch die Mutter
vertraut gemacht wird, ist eine Welt ungleicher Beziehungen
zwischen Eltern und Kind, Autorität/Macht und Ohnmacht, Mann
und Frau" (GAST 1986, S. 100). Der in der Regel eher schwa-
che, kränkliche Vater setzt gewissermaßen einen Kontrapunkt
zur scheinbar dominierenden Mutter in der Magersuchtfamilie.
"Trotz dieser Schwäche und psychischen Unterlegenheit hat
dieser Vater gesellschaftliche und öffentliche Macht, ver-

tritt die Familie nach außen und beschränkt die Autorität der Mutter auf binnenfamiliäre Strukturen. Das Resultat ist eine letztendlich sehr traditionelle Geschlechtsrollenverteilung, die in der Regel dem real vorhandenen 'Persönlichkeitsinventar' (der Magersuchtfamilie, Anm. d. Verf..) ... diametral entgegensteht" (ebenda).

GAST leitet aus ihrer Analyse der Magersucht die These ab, daß die Magersucht "in ihrem Kern als Rebellion und Aufbegehren gegen ein patriarchal definiertes Bild der Weiblichkeit und als Antwort auf die beschneidenden Inhalte und Mechanismen einer sexistischen Kultur" (1986, S. 167) gesehen werden müsse; als Versuch also, "sich des eigenen Körpers oder richtiger: dessen Objekthaftigkeit (im männlichen Blick) zu endledigen, aber nicht, um 'Nicht-Frau' zu sein, sondern um 'Frau in eigenem Recht und Gesetz' zu werden, also eben jener Objekthaftigkeit zu entfliehen, die sich ihrem Wunsch nach autonomer Selbstdefinition, ihrer Selbstrealisation als Frau, in den Weg stellt" (GAST 1986, S. XIV). GAST sieht in der Magersucht eine "positive, wenn auch unzulängliche, auf einem spezifischen Entwicklungsverlauf beruhende narzißtische Lösungsstrategie hinsichtlich eines auf gesellschaftlicher Ebene konfligierenden Frauenbildes" (1986, S. 170). Höchst unzureichend deshalb, weil die emanzipatorischen Inhalte dieser Auseinandersetzung "individualisiert werden und in diesem Sinne deren dialektische Abhängigkeit von der vorgefundenen patriarchal definierten Realität verborgen bleibt" (ebenda).
Als positive Strategie zur Konfliktlösung und zur Autonomie beschreibt auch MacLEOD (1983) die Magersucht in ihrem autobiographischen Bericht "Hungern, meine einzige Waffe".

2.3 Persönlichkeit der Magersüchtigen / Prämorbide Entwicklung

In der Schilderung der kindlichen Primärpersönlichkeit dominieren Perfektionismus, Ehrgeiz und Leistung, Gewissenhaftigkeit und Verantwortungsbewußtsein sowie soziale Ängste und Zwanghaftigkeit (DÜHRSSEN 1965, HALMI u. a. 1977, KALUCY u. a. 1977, BRUCH 1978). SCHÜTZE (1980) ergänzt diese Charakteristika um übertriebene Pflichtschuldigkeit, Überanpassung bzw. Mangel an Eigenwilligkeit und Trotzhaltung. Übereinstimmend wird ein starkes Sicherheitsbedürfnis bei gleichzeitiger verfrühter Intellektualisierung beschrieben. Die Mehrheit der Lehrer und Eltern erinnern sich eines überaus braven und unauffälligen Kindes, weder an eine Trotzphase noch an sonstige Krisenzeiten bis zum Einsetzen der Magersucht.

GAST deutet die Fügsamkeit und Anpassung an Eltern, Schule und andere Sozialisationsinstanzen als Abwehrvorgänge einer "Ideal-Selbst-Vorstellung" (GAST 1986, S. 114).

WINNICOTT (1974) bezeichnet sie als "Manifestation des 'falschen Selbst'".

Mit Einsetzen der Magersucht wandelt sich diese Überangepaßtheit in blinden Negativismus, der nichts mehr von dem akzeptiert, was sowohl Eltern als auch Umwelt anzubieten haben (ALIABADI/LEHNIG 1982).

Besonders ausführlich von BRUCH beschrieben wurde die gestörte Selbstwahrnehmung der magersüchtigen Mädchen (BRUCH 1969, 1973, 1987). Sie erklärt dies damit, daß die Kinder nicht eigenen Bedürnissen gemäß, sondern den Wünschen und dem Willen der Mutter entsprechend körperlich gut versorgt wurden. Die Störung wird genetisch auf frühe Lernerfahrungen zurückgeführt, nämlich auf fehlende oder selten aufgetretene angemessene Reaktionen der Umwelt auf Hinweis-

reize als Ausdruck kindlicher Bedürfnisse. Trotz einer in
der Literatur einheitlich als hoch eingestuften Intelligenz
(ZIOLKO 1966; FEY & HAUSER 1970) der Magersüchtigen zeigt
sich infolge dessen später die Fähigkeit, alltägliche Dinge
realistisch einzuschätzen, als wenig entwickelt. Ebenso ist
durch diese Lernerfahrung, nicht eigenen Bedürfnissen gemäß,
sondern dem Ermessen der Mutter entsprechend versorgt zu
werden, die erschwerte oder verhinderte Abgrenzung des Kindes
zu erklären (BOCKEMÜHL in: Einführung in KÖHLER 1987).

2.4   Soziales Umfeld und Familie

Während das Vorkommen von Magersucht lange Zeit der sozialen
Mittel- und Oberschicht westlicher Industriestaaten zugeschrieben wurde, weisen die Autoren jüngerer Publikationen
auf eine neuerdings schichtunabhängige Verbreitung hin
(HABERMAS 1984; GAST 1986; KÖHLER 1987). Gründe hierfür werden z. B. in gesellschaftlichen Umstrukturierungen der Nach-
kriegszeit vermutet, z. B. in der Etablierung einer breiten
nivellierten Mittelschicht (GAST 1986).

'Magersuchtfamilien' werden meist ausgeprägt pathologische
Verhaltensweisen in Bezug auf Essen und Gewicht zugeschrieben; gehäuft stehen die Eltern in abnormen Beziehungen zu-
einander und weisen vermehrt zwanghafte Züge oder Merkmale
einer psychischen Störung auf (STEINHAUSEN 1979; KÖHLER
1987). BRUCH (1963) und SELVINI PALAZZOLI (1965, 1974)
beschreiben die Mutter als triebfeindliche, sehr ehrgeizige
und leistungsorientierte Frau, die in ihren Erwartungen und
Ambitionen enttäuscht worden zu sein scheint, und versuchen
damit die dominierende Rolle zu erklären, die sie innerhalb
der Familie einnimmt. Über ihre scheinbar starke und dominierende Position in der Familie definiert sich ausschließ-

lich ihr Wert, und ihre Unzufriedenheit und latent verhal-
tene Aggressivität sind trotz aller Kompensationsversuche
nicht zu übersehen (GAST 1986; Aussagen der von uns inter-
viewten Frauen bestätigen dies).

Der Vater wird als passiv, zurückgezogen, ängstlich und
häufig kränklich charakterisiert (SPERLING 1965); er ist
"emotional nicht vorhanden" (SELVINI PALAZZOLI 1986, S. 55).
Trotz scheinbarer Dominanz der Mutter gelingt es ihm häufig
auf sehr subtile Weise, die Rolle des "Paschas" einzunehmen
(sowohl bei GAST, als auch in unseren eigenen Befragungen
kommt dies immer wieder zum Ausdruck).

FRANK diskutiert anhand seiner empirisch gewonnenen Untersu-
chungsergebnisse, daß allgemein "bei psychosomatisch er-
krankten Kindern die schützende Funktion des Vaters in Bezug
auf eine maligne werdende Symbiose mit der Mutter" (FRANK
1986, S. 242) fehle. Durch seine defizitiäre Rollenfunktion
werde "der für die Strukturbildung notwendige Prozeß einer
prä-ödipalen Triangulierung erschwert" (ebenda).
Betont wird von den meisten Autoren übereinstimmend eine
besonders leistungs-, erfolgs- und zweckbezogene Erziehung,
in der ein starkes Bestreben nach gesellschaftlicher Geltung
und Anerkennung zum Ausdruck kommt. Besonders die schuli-
schen Leistungen stellen häufig einen Gradmesser für den
Selbstwert der potentiell Magersüchtigen dar.
Neben einer überprotektiven Haltung, mangelhafter Grenz-
ziehung zwischen den Generationen und Konfliktvermeidung
ist absolute Familienloyalität chrakteristisch für die
'Magersuchtfamilie' (MINUCHIN u. a. 1978).
"Sowohl die Ehe- als auch die Familiensituation insgesamt
ist demnach geprägt von einer alles durchdringenden und
unausweichlichen Pseudo-Harmonie, die bedrohliche Gefühls-
regungen wie Feindseligkeit und Aggression durch laue Wärme
und oberflächliche Anteilnahme vertuschen muß, was seiner-
seits jeglichen Ansätzen der Individuation eines Familien-

mitgliedes entgegenarbeitet" (GAST 1986, S. 77).

Durch diese familiären Verstrickungen wird eine Hinwendung
der zukünftigen Magersüchtigen zu Gleichaltrigen oder sonstigen Bezugspersonen erschwert bis verhindert.
SELVINI PALAZZOLI beschreibt die komplementär definierte
Beziehung zwischen Eltern und Kind, die letzteres wider-
spruchslos akzeptiert: die Eltern pflegen, ernähren und
behüten das Kind.
Die in der Pubertät aufkeimenden Wünsche nach Neudefinition
und Selbstverwirklichung werden von den Eltern zurückgewie-
sen. In dieser Konfliktsituation setzt die Tochter unbewußt
die Krankheit ein, um ein Auseinanderfallen der Familie zu
verhindern (PETZOLD 1979): die Magersucht verdeckt den Konflikt und hat damit für die Familie stabilisierende Funktion; hierin sind letztlich u. a. die Therapiewiderstände
der Familienangehörigen begründet (MINUCHIN u. a. 1978).
Gelingt den Magersüchtigen eine räumliche Loslösung aus dem
Familienverband, leben sie zumeist allein oder in lockeren
Beziehungen; selten haben sie eine feste Partnerschaft
(FRIES 1974).

2.5 Sexualität und Geschlechtsrolle

Die Tatsache, daß die Magersucht bei Mädchen und überwiegend
im Zusammenhang mit der Pubertät auftritt, und auch, daß sie
bei der Mehrzahl der Anorektikerinnen mit einer sekundären
Amenorrhoe verbunden ist, hat viele Autoren "zu der irrigen
Annahme verführt", sie sei mit "der sexuellen Entwicklung und
daraus folgenden sexuellen Problemen (Furcht vor Schwangerschaft, Phantasien von oraler Schwängerung, sexuelle Trau-
mata, mangelnde sexuelle Aufklärung etc.) verknüpft"
(SELVINI PALAZZOLI 1986, S. 97); FREUD nannte die Anorexia

nervosa gar die "Melancholie der sexuell Unreifen" (SELVINI PALAZZOLI 1986, S. 24).

Obwohl sexuelle Probleme einen gewissen Einfluß auf die Magersucht zu haben scheinen, stellen sie nach Meinung vieler Autoren nicht das grundlegende Problem dar. SELVINI PALAZZOLI (1986) beispielsweise berichtet, daß alle ihre magersüchtigen Patientinnen auf die prägenitalen Stufen fixiert gewesen seien. Die Pubertät und die damit eintretende überwältigende körperliche Entwicklung habe dann zu traumatischen Situationen geführt und das scheinbar emotionale Gleichgewicht dieser Mädchen empfindlich gestört. Sie zitiert B. SOMMER, der den primären ödipalen Konflikt als äußerst traumatisch und nicht überwunden einschätzt (durch die emotionale Abwesenheit des Vaters gelingt der Übergang von der Mutter-Kind zur triadischen Beziehung nicht. Vgl. Kap. I. 2.4). In der Pubertät sollte ein Mädchen "nicht nur seine Möglichkeiten als Individuum erkennen, sondern auch als eine abgehobene, einzigartige Persönlichkeit, die ihre Existenz bejaht, d. h. ihren Körper und ihr Geschlecht. Und eben dazu ist die potentiell Magersüchtige völlig unfähig" (SELVINI PALAZZOLI, S. 98).
Sie könne sich offenbar nicht einmal vorstellen, daß sexuelle Beziehungen eine selbst erwählte Form der Selbsterfüllung seien, folgert SELVINI PALAZZOLI weiter. Statt dessen verleugnet die potentielle Anorektikerin ihre körperliche Geschlechtsidentität durch Geschlechtslosigkeit. Sie zeigt mit großem Kontroll-, Selbstkontroll- und Leistungsstreben eher traditionell männliche Eigenschaften und ist sexuell "weder engagiert noch offen interessiert" (HABERMAS 1984, S. 60; BRUCH 1987, S. 75).

Die historischen Veränderungen der Frauenrolle tun ein übriges dazu, diesen Konflikt noch zu verstärken. Lange Zeit galt der (weibliche) Körper als einzige gesellschaftlich voll sanktionierte Quelle der Anerkennung für die Frau und

bestimmte ihren gesellschaftlichen Wert sowohl in ihrer
Eigenschaft als Sexualpartnerin als auch in ihrer Rolle als
Gebärende bzw. Mutter. IRIGARAY (1979) mißt dem weiblichen
Körper bzw. der Sexualität der Frau den Wert eines "Tausch-
objektes" bei, für das im Gegenzug männlicher Schutz, mate-
rielle Versorgung und Sicherheit geboten wird. So "einge-
tauscht" muß die Frau dann den Beweis ihrer gesellschaftlichen Wertigkeit als Gebärende und Mutter erbringen
- wiederum mittels ihres Körpers.
Diese beiden Pole, "Sexualobjekt" und "Reproduzierende" oder
"Hure" und "Madonna", definieren die gesellschaftliche Wertigkeit der Frau und bezeichnen den Widerspruch, "der so alt
ist wie die Heteronomie der Frau resp. die Prävalenz des
Patriarchats selbst" (GAST 1986, S. 128).

Diese "körpergebundenen" Rollendefinitionen haben gerade in
den letzten Jahren eine Erweiterung durch "das Bild der
berufstätigen, in der Welt der Männer erfolgreichen, aber
dennoch weiblichen Frau" (ebenda, S. 129) erfahren, wodurch
jedoch keine Neu- bzw. Umdefinition ihrer gesellschaftlichen
Wertigkeit und Identität stattfindet.

Unter den beschriebenen Umständen ist eine konfliktreiche
Pubertät für jedes Mädchen vorgezeichnet. Da aufgrund der
gesellschaftlichen Situation eine grundsätzliche Lösung der
Konflikte nicht möglich ist, müssen individuelle Bewälti-
gungsstrategien entwickelt werden. "Diese Strategien haben
zugleich den Charakter einer individuell/isoliert vollzo-
genen Verarbeitung kollektiver Erfahrungen als auch den
einer (aus dieser Verarbeitung abgeleiteten) Schutzmaßnahme
gegen die Destruktivität der Konflikte" (GAST 1986, S. 133).
Für GAST ist die Magersucht eine solche individuelle "(Über-
lebens-)Strategie" (ebenda).

2.6   Klinisch-somatische Aspekte

Mit oder ohne erkennbare Auslösefaktoren - nur in manchen
Fällen läßt sich ein zeitlicher Zusammenhang mit einem In-
fekt, seelischer Belastung oder Menarche nachweisen - tritt
bei den Mädchen eine Einschränkung der Nahrungsaufnahme ein,
die sich zum zwanghaft-suchtartigen Dauerverhalten entwik-
kelt, bis hin zum völligen Kontrollverlust, d. h., bis zur
Unmöglichkeit, überhaupt ausreichend Nahrung aufzunehmen, so
daß sie sprichwörtlich "vor vollen Tellern verhungern"
(KÖHLER 1987, S 19).

Die Gewichtsreduktion ist oft bis auf 40 % des mittleren
Sollgewichts fortgeschritten (BOCKEMÜHL in KÖHLER 1987),
dies infolge des Abbaus der Fettschichten sowie merklichem
Schwund der Skelettmuskulatur. "Neben der teilweise extremen
Abmagerung zeigt sich ein asthenisch-knabenhafter Habitus,
graublasses Kolorit des Gesichtes, große, tiefliegende,
hilfesuchende Augen, stumpfes, brüchiges Haar. Die Haut ist
hyperkeratotisch, rauh, behaart, ... kühl-livide Arme und
Beine führen behutsame, ausdruckslose und verlangsamte Bewe-
gungen aus (ebenda, S. 19).

Die Mädchen neigen zu Obstipationen, die sie mit Abführmitteln und deren Mißbrauch "beheben". Die Menstruation bleibt
laut BRUCH (1987, S. 81) in allen Fällen aus.
Durch die von den überaktiven Mädchen unternommenen An-
strengungen besteht Neigung zu hypoglycämischem Schock und
Kreislaufkollaps.
Weitere Störungen sind Bradypnoe, Bradycardie, Hypotonie,
Hypovolämie, Turgorverlust oder seltener subcutane Ödeme
sowie Elektrolytstörungen wie Hypokaliämie (QT-Zeitverlän-
gerung im EKG) mit der Gefahr der Herzrhythmusstörungen,
Hypochlorämie und Hypocalciämie mit Krampfneigung durch
verstärkte Atmung, mit Osteoporose, Nierenfunktionsstörungen
bis hin zum Nierenversagen (BOCKEMÜHL in KÖHLER 1987).

Verstärkt werden diese Störungen neben der Nahrungskarenz besonders durch die von vielen Magersüchtigen zusätzlich benutzten Methoden des Erbrechens und des Laxantienabusus. SELVINI PALAZZOLI (1974, S. 47) unterscheidet aufgrund der unterschiedlichen Strategien zur Gewichtsreduktion zwischen "aktiver Anorexia nervosa", wenn Erbrechen und Laxantienabusus eine Rolle spielen und "passiver Anorexia nervosa", wenn die Gewichtsabnahme ausschließlich durch Nahrungskarenz herbeigeführt wird.

Durch Labortests können keine für eine organische Erkrankung spezifischen Resultate gewonnen werden. Keine Erniedrigung der Erythrozyten, normaler Hb (in deutlichem Gegensatz zur Gesichtsblässe bei schweren Anämien), Blutzucker meist erniedrigt; normale Ergebnisse werden auch bei Leber- und Nierenfunktionsprüfungen erreicht.

Röntgenuntersuchungen zeigen lediglich in einigen Fällen eine Senkung der Bauchorgane, besonders des Magens, sowie eine verzögerte Magen-Darm-Passage.
Im EKG sind häufig Bradycardie, Niedervoltage und T-Senkungen zu erkennen.

"Endokrinologisch findet sich eine starke Verminderung der Gonadotropin- und Östrogenausscheidung." (Kern 1977, S. 98)

"Die Amenorrhoe und das Absinken der basalen Stoffwechselrate sind - endokrinologisch gesprochen - die beiden auffälligsten und essentiellen Symptome der Magersucht." (SELVINI PALAZZOLI 1986, S. 29)

Die Magersucht führt in der Regel neben der verminderten
Ausscheidung von Östrogen und Gonadotropin auch zu einer erniedrigten Ausscheidung von Gonadostimulin, 17-Ketosteroiden
und von 11-Oxysteroiden; die Schilddrüsenfunktion sowie der
proteinabhängige Jodspiegel sind - auch bei extrem niedriger
basaler Stoffwechselrate - überwiegend normal. Auch die
Funktion der Nebennierenrinde ist nicht beeinträchtigt; es
besteht weder eine besondere Neigung zu Addisonkrisen noch
eine veränderte Toleranz gegenüber Salzentzug (PIRKE u. a.
1988).

Ob die Amenorrhoe der Magersüchtigen "auf einen rein psychogenen Mechanismus zurückzuführen ist, der das kortiko-thala-
mo-hyperphysäre System beeinflußt, oder aber auf eine allgemeine körperliche Depression, ist eine offene Frage" (SELVINI
PALAZZOLI 1986, S. 29 f.); für beide Möglichkeiten finden
sich in der Literatur gute Argumente.

Abschließend sei auf ein weiteres Merkmal des fortgeschrit-
tenen Stadiums der Magersucht hingewiesen: auf durch allgemeine Schwäche sowie dem Zusammenbruch der Abwehrmechanismen
basierende Komplikationen wie beispielsweise Lungentuberku-
lose.

2.7 Sekundäre Amenorrhoe (Menstruation)

Übereinstimmung herrscht darüber, daß das Ausbleiben der Menstruation (sekundäre Amenorrhoe) ein Kardinalsymptom der
Magersucht sei. BRUCH (1987, S. 81) hat herausgefunden, "daß
die Anorexia in allen Fällen die Menstruation unterbricht".
FRIES (1974) sowie THEANDER (1970) berichten davon, daß die
sekundäre Amenorrhoe in ca. 2/3 der Fälle als Frühsymptom
bereits ein bis zwei Jahre vor der Gewichtsreduktion auf-

tritt; in 1/3 setzt sie erst im Verlauf der Magersucht ein.
Häufig dauert die Amenorrhoe um Jahre länger als die mani-
feste Magersucht. Autoren wie v. BAYER (1965) und THOMÄ
(1961) setzten den Magersuchtsbeginn mit dem Ausbleiben der
Menstruation gleich und sehen eine Chance auf Heilung erst
nach Wiedereinsetzen der Menstruation.

Die überwiegend früh einsetzende Amenorrhoe, die zudem von
vielen magersüchtigen Frauen und Mädchen als Entlastung erlebt wird, erfährt - besonders in jüngeren Untersuchungen -
eine psychosomatische Interpretation. Dies ist umso ein-
leuchtender, als ja der weibliche Zyklus als eine äußerst
empfindliche und durch emotionale Belastungen störbare Funktion bekannt ist. In diesem Sinne ist für ALEXANDER (1971)
die Amenorrhoe eine physische Reaktion auf starke emotio-
nelle Spannungszustände.

Im Sinne von "Notstandsamenorrhöen" (ELERT 1952), d. h.
Amenorrhöen, die durch extreme Streß-Situationen wie Haft,
Flucht, Lager usw. auftreten, wertet auch THOMÄ (1961) die
"Magersuchtsamenorrhoe" und sucht ihren Auslöser konsequen-
terweise im psychischen Bereich.
Als Voraussetzung für das Wiedereinsetzen einer Zyklusfunk-
tion nennt er deshalb einerseits die Normalisierung des
Körpergewichts, andererseits aber auch eine "hinreichende
seelische Umstimmung". Das Fehlen dieser 2. Forderung wäre
auch eine Erklärung für häufig erfolglose Hormontherapien im
Zusammenhang mit der Amenorrhoe bei Anorektikerinnen.

II   METHODIK DER UNTERSUCHUNG

1.   Berliner Menstruationsstudie

Als ein Schwerpunkt aus dem Forschungsbereich "Ärztliches
Handeln und Intimität" (vgl. LOCKOT/ROSEMEIER 1983) ent-
wickelte sich am Institut für Medizinpsychologie in Berlin
Anfang der 80er Jahre ein Projekt zum Thema Menstruation.

Da zu diesem Zeitpunkt nur sehr wenige, methodisch befrie-
digende Untersuchungen zu psychischen Aspekten des Menstruationsgeschehens zur Verfügung standen, wurde von der
Projektgruppe ein Arbeitskonzept entworfen, "welches die
Dimension des Menstruationsgeschehens möglichst umfassend
zu betrachten sucht. Inhaltlichen Schwerpunkt bildete dabei
die Berücksichtigung der Frage, wie nicht kranke, 'normale'
Frauen ihre Menstruation erleben" (MAHR 1985).

Mittels einer Eingangsuntersuchung mit 38 Frauen und einer
Voruntersuchung mit 189 Frauen wurde ein 'Fragebogen zur
Erfassung der Menstruation' (FEM) entwickelt.
Die 35 Items des FEM sind den 5 FEM-Faktoren mit folgenden
Kurzbezeichnungen zuzuordnen:

        FEM-Faktor 1: Belastetheit während der Menstruation
        FEM-Faktor 2: Prämenstruelles Syndrom
        FEM-Faktor 3: Erfahrungen mit der Menarche
        FEM-Faktor 4: Einstellung zur Menstruation
        FEM-Faktor 5: Sexualität und Zärtlichkeit
                      während der Menstruation
Durch weitere Untersuchungen zur Gültigkeit und Zuverläs-
sigkeit wurde nachgewiesen, daß sich der FEM für die Durch-
führung von Untersuchungen eignet, die von der Berliner
Projektgruppe bei "nicht in gynäkologischer Behandlung befindlichen Frauen zum Thema Menstruationserleben" geplant
waren; sie sind inzwischen z. T. durchgeführt und beschrieben

worden.

Diese kurze Beschreibung der Berliner Menstruationsstudie
bzw. des benutzten Fragebogens soll hier genügen. Konzept
und Ergebnisse der Berliner Studie zum Menstruationserleben
sind ausführlich dargestellt bei SAUPE (1987) und
MAHR (1985).

2. Untersuchungsinstrumente

2.1 Fragebogen zum Erleben der Menstruation (FEM)

Der beschriebene Fragebogen wurde unverändert auch für diese Untersuchung übernommen.

Nach ersten Gesprächen mit Klinikern (vgl. Kap. II. 3.) verzichteten wir in dieser Arbeit auf die in der Berliner Menstruationsstudie zusätzlich benutzten Instrumente und Skalen (in der Gesamtheit dann 'Berliner Instrumentarium zum Menstruationserleben') wie

- Freiburger Persönlichkeitsinventar (FPI)
- Freiburger Beschwerdeliste (FBL)
- Skala zur beruflichen Belastetheit und Gereiztheit (BGB)
  sowie
- Fragen zur allgemeinen Einstellung zur Sexualität und zur Zufriedenheit in der Partnerschaft (PSX).

Dagegen behielten wir folgende Instrumente der Berliner Studie bei:

a) BIO: Fragen zu biographischen Aspekten, die einen Einfluß auf das Menstruationsgeschehen nehmen können. Mittels dieser Fragen sollten "lebensgeschichtliche Eindrücke und Erfahrungen im Umfeld weiblicher Intimität" (MAHR 1985) erfaßt werden, da anzunehmen ist, daß durch sie die heutige Einstellung zur Menstruation beeinflußt wird.
Besonderes Gewicht wurde hierbei auf die Bereiche
- Erleben der Menstruation der Mutter
- Akzeptanz der Tochterrolle
gelegt.

b) Anhang mit Fragen zur Menstruationsanamnese und Fragen zur persönlichen Lebenssituation der Frau in Familie, Beruf und Partnerschaft.

Dieses Instrument beinhaltet neben rein sozialstatistischen Fragen (Alter, Familienstand, Kinderzahl, Konfession, Ausbildung und berufliche Tätigkeit) auch Fragen zum individuellen Zyklusgeschehen, zum Bereich Schwangerschaften und Schwangerschaftsverhütung sowie Fragen zu einer evtl. vorhandenen Doppelbelastung und nach häuslicher Gemeinschaft.

Auch die Frage nach lesbischen Erfahrungen bzw. lesbischen Partnerschaften wurde gestellt.

Eine Erweiterung erfuhr dieses Instrument durch spezifische Fragen zum Thema Magersucht; mit ihnen sollte ergründet werden, ob je eine Amenorrhoe bestand, welche Methode zur Gewichtsreduktion bevorzugt wurde, wieviel Untergewicht die einzelne Frau im schlimmsten Fall hatte, wieviel zur Zeit der Amenorrhoe, wieviel die Frauen zum Zeitpunkt der Befragung wogen und in welcher Reihenfolge Gewichtsabnahme und Amenorrhoe registriert wurden.

2.2   Interviews

Das Instrument "Fragebogen" wurde in der Mehrzahl der Fälle durch ein Interview ergänzt. Dies wäre in allen Fällen wünschenswert gewesen, ließ sich jedoch nicht immer bewerkstelligen. Die Gründe hierfür sind in Kapitel II. 4. erläutert.

3. Untersuchungsgruppe

Die ursprüngliche Idee, die Untersuchungsgruppe über die
entsprechenden Stationen Berliner Kliniken (bes. inter-
nistische und psychosomatische) zu erhalten, mußte schnell
aufgegeben werden. Zwar wurde der aus der Berliner Studie
übernommene und ergänzte Fragebogen auf dringendes Anraten
der Kliniker hin stark reduziert, jedoch fand sich trotzdem
nur ein einziger Kliniker bereit, den Fragebogen an einige
seiner Patientinnen weiterzureichen, so daß andere Wege ge-
funden werden mußten, dies auch hinsichtlich der Auswahlkriterien.
Eine Erleichterung hätte das angestrebte Vorgehen zweifellos
im Hinblick auf den Zugang zu magersüchtigen Mädchen und
Frauen bedeutet, jedoch hätte gleichzeitig nicht mehr von
einer "Zufälligkeit" ausgegangen werden können.

Die letztlich befragten 25 Frauen bilden dagegen eine tatsächlich zufällig entstandene Untersuchungsgruppe, was auch
entscheidend die Dauer der Datenerhebung beeinflußt hat.

Die Frauen stammen aus dem weitesten Bekanntenkreis der
Autorin, aus einer Berliner Selbsthilfegruppe, einige
wenige sind/waren Patientinnen in einer Berliner Uni-Klinik
oder haben an einem Seminar über Eß-Störungen an einem Berliner Gesundheitsamt teilgenommen und dort den Fragebogen
erhalten.

Auswahlkriterien waren im wesentlichen die zwei folgenden:

    1) die Diagnose "Magersucht" mußte entwe-
       der ärztlicher- oder psychotherapeuti-
       scherseits gestellt worden sein

    2) die Frauen mußten bereits ihre Menstruation
       haben oder gehabt haben (sekundäre Amenor-

rhoe);
nicht berücksichtigt wurde, ob die Probandin zum Zeitpunkt der Befragung amenorrhoe-
isch war oder nicht.

Besonders das zweite Auswahlkriterium bedeutet, daß keine
ganz jungen Mädchen in die Untersuchung aufgenommen werden
konnten. Oft war bei einer "antwortwilligen" Magersüchtigen
die Diagnose (noch) nicht gestellt oder sie hatte noch keine
Menarche. Daß Frauen im Alter über 35 Jahren in der Stichprobe kaum vertreten sind, mag daran liegen, daß die Zeit der
Magersucht zu weit zurückliegt, um sich damit auseinandersetzen zu wollen oder zu können, aber auch, daß einige der
Magersüchtigen dieses Alter nicht erreichen.

Ganz grundsätzlich zeigte sich, daß die Bereitschaft, den
Fragebogen zu beantworten stieg, wenn die Beantwortung mit
einem Gespräch verknüpft war. Dies war in 11 Fällen, in denen
die Fragebogen anonym zurückgesandt, bzw. von dem behandeln-
de Kliniker zugeleitet wurden, nicht möglich.
Bekannt wurde allerdings, daß Fragebogen nicht angenommen
oder nicht zurückgegeben wurden mit dem Argument, nicht Da-
tenlieferantin sein zu wollen für "irgendwelche" unklaren
Interessen (dies, obwohl jedem Fragebogen eine entsprechende Erklärung vorangestellt war).

Mit allen anderen Frauen fanden z. T. lange Gespräche statt,
in denen eine Fülle von lebensgeschichtlichen Daten präsentiert und großes Interesse an den Ergebnissen der Befragung
bekundet wurde.

Als Erklärungsansatz für diese unterschiedliche Gesprächs-
bereitschaft sei hier GAST (1986, S. 47) zitiert. Sie betont
die positiven Aspekte einer authentischen Gesprächssituation,
"in der die Probandin im Idealfall ein greifbares und kontu-
riertes Gegenüber erfährt - ein Gegenüber, das ihr/sein In-

teresse offen formuliert, sich also gewissermaßen zeigt und
die Bereitschaft mitbringt, sich zumindest für die Dauer des
Gesprächs auf eine Beziehung einzulassen resp. diese mit
herzustellen".

Zum Zeitpunkt der Befragung liegt das Alter der befragten
Frauen zwischen 18 und 47 Jahren (vgl. Kap. I. 1.1);
nur für jede 5. Frau gilt die Zeit der Magersucht als abge-
schlossen, alle anderen beschreiben unverändert magersüch-
tiges Verhalten.
10 Frauen befinden sich gerade in einer Phase ohne Menstruation - zum Teil zum wiederholten Mal -, 15 Frauen
menstruieren mehr oder weniger regelmäßig.

4. Untersuchungsschritte

In den bereits genannten 11 Fällen wurden die Fragebogen an
in klinischer Behandlung befindliche Frauen oder Teilnehmer-
innen am Seminar über Eß-Störungen bzw. der Selbsthilfegruppe weitergeleitet und anonym zurückgegeben. In allen
anderen Fällen wurde direkt - meist telefonischer - Kontakt
zu den Frauen aufnommen oder die Frauen meldeten sich aufgrund entsprechender Informationen bei uns. Über diesen
ersten Kontakt entwickelte sich z. T. ein Zusammentreffen,
in dessen Verlauf der Bogen - in Einzelfällen gemeinsam -
ausgefüllt wurde. In anderen Fällen wurde der Fragebogen zu-
gesandt oder weitergereicht und dann persönlich zurückge-
bracht und dabei kommentiert, kritisiert oder hinterfragt.
Diese Phase zog sich über einen Zeitraum von fast 2 Jahren
hin und war im Frühjahr 1987 beendet.

Die Daten wurden sodann mittels SPSS (Statistik-Programm-
System für Sozialwissenschaften) aufbereitet und ausgewer-
tet, wobei die durch die Gespräche gewonnenen Informationen
in die Arbeit nur vereinzelt Eingang finden konnten. Der
Schwerpunkt lag auf dem standardisierten Fragebogen - auch i.
S. einer Vergleichbarkeit mit den Daten der 'Normalgruppe'.

Bei der Auswertung der Daten zeigte sich, daß sowohl aufgrund unserer meist nominalskalierten Werte als auch der
unabhängigen Stichproben die Überprüfung von Signifikanzen
mittels statistischer Testverfahren sehr eingeschränkt war;
so war beispielsweise auch die Anwendung eines nicht-parame-
trischen Verfahrens nicht möglich. Ein chi-Quadrat-Test
blieb die einzige zulässige Möglichkeit, jedoch konnten auch
mit ihm keine aussagekräftigen Ergebnisse gewonnen werden,
denn dieser Test erfordert, daß die erwarteten Häufigkeiten
in den einzelnen Feldern genügend groß sind.
Bei unserer Stichprobe von n = 25 konnte COCHRANs (1954)
Forderung, alle erwarteten Häufigkeiten sollten mindestens

5 betragen, um eine sinnvolle Anwendung des Tests zu gewähr-
leisten, ohne Verdichtung unserer Daten nicht erfüllt werden.

Auf eine Verdichtung bzw. Zusammenziehung der Daten haben
wir verzichtet, weil sie ohne eine Verfälschung des Sinn-
gehaltes in den meisten Fällen nicht möglich, bzw. die Ergebnisse nicht mehr vergleichbar gewesen wären.

Statt dessen haben wir uns für eine Überprüfung auf mehr
qualitativem Weg entschieden.

Es zeigte sich jedoch, daß ab einer Fallzahl von n ca. 40 und
gleicher Verteilung der Häufigkeiten durchaus interessante
Signifikanzen erzielt worden wären.

III   ERGEBNISSE

1.   Soziale Daten der Untersuchungsgruppe

Um die soziale Situation der befragten Mädchen und Frauen
beurteilen zu können, wurden in den Fragebögen folgende
Kriterien aufgenommen:

- soweit vorhanden: Anzahl der Kinder
- Partnerschaft
- Form der häuslichen Gemeinschaft
- Schulausbildung/Berufsausbildung
- Art der gegenwärtigen Berufstätigkeit.

Weitere soziale Daten wurden wegen der besonderen Gewichtung
der Arbeit nicht erfragt.

1.1   Alter der Frauen und Mädchen

In Bezug auf das Alter der Probandinnen wurde in der Frage-
bogenaktion keine Einschränkung gemacht. Die Einschränkung
ergab sich durch die Tatsache, daß alle Probandinnen in der
Lage sein sollten, eine Aussage zu ihrer Menstruation machen
zu können, d. h., die Menarche mußte stattgefunden haben.
Dabei ergab sich als jüngstes Alter 18 Jahre, die älteste
Probandin war zum Zeitpunkt der Befragung 47 Jahre alt
(vgl. Tab. 1).

Alter (Jahre)	n	Prozent der Gesamtstichprobe
16 - 20	6	24,0
21 - 25	9	36,0
26 - 30	5	20,0
31 - 35	3	12,0
36 - 40	1	4,0
41 - 49	1	4,0
	25	100,0

Tab. 1: Altersverteilung in der Gesamtstichprobe (n = 25)

1.2 Kinder (und Alter)

Wie zu erwarten ist die Anzahl der Probandinnen, die Kinder haben, sehr klein. Nur 8 % der Frauen, sowohl in der Altersgruppe 31 - 35 Jahre als auch verheiratet, haben je 2 Kinder. Die Hälfte dieser Frauen sowie zusätzliche 24 % gaben an, Schwangerschaftsabbrüche hinter sich zu haben, wobei das Alter beim 1. Abbruch überwiegend zwischen dem 16.-20. Lebensjahr liegt.

1.3 Partnerschaft und Alter

Wir gingen in dieser Untersuchung davon aus, daß die magersüchtigen Mädchen und Frauen hinsichtlich ihrer partnerschaftlichen Situation besonders untersucht werden sollten, wobei uns nicht nur der Familienstand interessierte, sondern auch, ob eine feste Partnerschaft ohne Trauschein existierte und wenn ja, mit welcher sexuellen Ausrichtung.

Von BRUCH (1974) sowie DALLY und GOMEZ (1979) im Zusammen-

hang mit dem Familienstand erhobene Daten, daß nämlich
verheiratete Magersüchtige oder ehemals Magersüchtige eher
selten sind, werden durch unsere Ergebnisse bestätigt.
Nur 12 % der Frauen unserer Stichprobe sind verheiratet.
Hingegen geben weitere 36 % an, in einer festen Partnerschaft zu leben; dies steht im Gegensatz zu Angaben von FRIES
(1974; vgl. auch Kap. I. 2.4)
Es fällt auf, daß mehr als die Hälfte von diesen nicht
verheirateten, jedoch in fester Partnerschaft lebenden Frauen
(entspricht 20 % der Gesamtstichprobe) angeben, eine lesbische Beziehung zu haben. Eine Abhängigkeit vom Alter kann
nur insofern festgestellt werden, als sich die Mehrzahl der
Frauen ohne feste Partnerschaft - ähnlich der 'Normalbevölkerung' - in der Altersgruppe < 25 Jahre befindet (ca. 70 %).

1.4 Form der häuslichen Gemeinschaft

Bei der Beantwortung der Frage nach der häuslichen Gemeinschaft waren mehrere Antwortmöglichkeiten erlaubt, d. h.
eine Addition der ausgewiesenen Prozentzahlen ergibt keine
100 %. Gefragt wurde danach, ob die Probandin mit den Eltern,
Geschwistern, Partner(in), Ehemann, Kindern oder sonstigen
Angehörigen, in einer Wohngemeinschaft oder alleine lebt
(vgl. Tab. 2):

Zusammenleben mit	n	Prozent der Gesamtstichprobe
Vater	2	8,0
Mutter	3	12.0
Geschwister	1	4,0
Ehemann	3	12.0
Partner	4	16,0
Partnerin	2	8,0
Kindern	2	8,0
Wohngemeinschaft	5	20,0
sonst. Angehörigen	2	8,0
alleine	6	24,0
	30	

Tab. 2: Form der häuslichen Gemeinschaft

Nur 24 % der Befragten leben alleine; auch die Anzahl derer, die noch eng mit ihrer Kernfamilie zusammenleben, ist mit 24 % überraschend niedrig und geht zugunsten derer, die in häuslicher Gemeinschaft mit ihren Ehepartnern und Kindern bzw. ihren festen Partner(inne)n leben (44 %). Diese letzte Zahl scheint uns überraschend hoch, doch können hierzu keine Vergleichszahlen herangezogen werden, denn in anderen Untersuchungen wird von ehelicher, nicht von häuslicher Gemeinschaft gesprochen. In Überlappung dieser Daten gaben außerdem immerhin 20 % der Frauen an, in WGs zu leben. Geschiedene oder getrennt lebende Partner finden sich in der Gesamtstichprobe nicht.

Ein Zusammenhang mit dem Lebensalter ergibt sich nur insofern, als eine häusliche Gemeinschaft mit der Kernfamilie - nicht anders als in der 'Normalbevölkerung' - mit einem Alter < 25 Jahre korreliert.

1.5   Ausbildung und Berufstätigkeit

Den Frauen und Mädchen wurden Fragen zur Schulbildung, Berufsausbildung und zur Form der gegenwärtigen Berufstätigkeit gestellt.

1.5.1 Schulbildung

Schulbildung	n	Prozent der Gesamtstichprobe
Hauptschule ohne Abschl.	1	4,0
Hauptschule mit Abschl.	2	8,0
Realschule mit Abschl.	6	24,0
Gymnasium ohne Abschl.	2	8,0
Gymnasium mit Abschl.	3	12,0
Gesamtschule	1	4,0
Fach-/Hochschule ohne Abschl.	4	16,0
Fach-/Hochschule mit Abschl.	6	24,0
	25	100,0

Tab. 3: Angaben zur Schulbildung (n = 25)

Bildet man aus diesen Angaben zwei Gruppen, eine mit gering- bis mittelgradiger Schulbildung (Volksschule, Hauptschule und Mittlere Reife) und eine mit höherer Schulbildung (Gymnasium, Gesamtschule, Fachhochschule, Hochschule), so finden sich in der ersten 36 %, in der zweiten Gruppe 64 % der Probandinnen. In der zweiten Gruppe befinden sich 2 Probandinnen mit Gymnasium, jedoch ohne Abschluß; eine von diesen beiden steht zum Zeitpunkt der Befragung (18-jährig) unmittelbar vor dem Abitur.

1.5.2 Berufsausbildung

Als Ergänzung der Angaben zur Schulbildung dienen die der beruflichen Ausbildung. Ein einheitliches Bild entsteht dann, wenn auch hier wieder in gering- bis mittelgradige und weiterführende Berufsausbildung unterschieden wird. Bedauerlicherweise können hier nur die Angaben von 84 % der Frauen ausgewertet werden.

Es ergibt sich folgendes Bild:

Berufsausbildung	n	Prozent der Gesamtstichprobe
z. Zt. Lehre	1	4,0
ohne abgeschlossene Lehre	1	4,0
mit abgeschlossener Lehre	6	24,0
nicht abgeschl. Studium	6	24,0
abgeschlossenes Studium	7	28,0
keine Angaben	4	16,0
	25	100,0

Tab. 4: Angaben zur Berufsausbildung (n = 20)

Von den Frauen, die diese Frage beantwortet haben, gehören 38,1 % der ersten Gruppe an (z. Zt. in Lehre befindlich, Lehre mit und ohne Abschluß); der größere Teil, nämlich 61,9 % der Befragten, hat eine weiterführende berufliche Ausbildung (abgeschlossenes und nicht abgeschlossenes Studium).

In einer Zusatzfrage wurde die Angabe der genauen Berufsbezeichnung erbeten. Von der Gesamtstichprobe (n = 25) geben 84 % ihren erlernten Beruf im Klartext an. 8 % der Frauen machen Angaben zu ihrem Berufsziel, d. h. sie befinden sich noch in der Ausbildung; von weiteren 8 % werden keine Angaben gemacht. Eine Probandin ist trotz erlerntem Beruf zum Zeitpunkt der Befragung erneut in Ausbildung (erlernter

Beruf: Reiseverkehrskauffrau, bei Befragung Studentin).

1.5.3 Gegenwärtige Berufstätigkeit

Um über die Schul- und Berufsausbildung hinaus einen Eindruck über den beruflichen Werdegang der befragten Mädchen
und Frauen zu gewinnen, wurde nach dem gegenwärtig ausgeübten Beruf gefragt. Mittels dieser Angaben wurde versucht,
vorsichtige Rückschlüsse auf den Grad psychischer und körperlicher Belastungen zu ziehen. So wird beispielsweise bei
Schülerinnen und Studentinnen eine geringere körperliche Belastung angenommen als bei Arbeiterinnen oder Angestellten.
Diese Annahmen dürfen jedoch nicht überbewertet werden, da
nur eine genaue Kenntnis des Arbeitsplatzes eine einigermaßen
objektive Beurteilung erlauben würde.
Tab. 5 zeigt die Angaben zur momentanen Berufstätigkeit:

Bezeichnung der momentanen Berufstätigkeit	n	Prozent der Ge-samtstichprobe
arbeitslos	4	16,0
Lehre	1	4,0
Schülerin	1	4,0
Studentin	6	24,0
Arbeiterin	1	4,0
einfache/mittlere Angestellte	9	36,0
Selbständige	2	8,0
Hausfrau	1	4,0
	25	100,0

Tab. 5: Angaben zur momentanen Berufstätigkeit (n = 25)

Es zeigt sich anhand der Tabelle, daß sich 32 % der Probandinnen noch oder wieder (vgl. Kap III. 1.5.2) in der Aus-

bildung befinden, wovon wiederum die Mehrzahl studiert;
ungefähr die Hälfte der Befragten, nämlich 48 %, ist berufs-
tätig, überwiegend (36 %) als einfache oder mittlere Angestellte. Eine Frau (erlernter Beruf: Ärztin) ist zum Zeitpunkt der Befragung Hausfrau (und Mutter); 16 % der Frauen
sind arbeitslos, wobei es sich bei je 8 % um solche mit
abgeschlossener Lehre und abgeschlossenem Studium handelt.

2. Belastetheit während der Menstruation (FEM-
   faktor 1)

"Faktor 1 des FEM erfragt eine generelle Belastetheit in
Haushalt, Beruf und Freizeit für den Zeitraum der Menstruationsblutung. In den folgenden Abschnitten werden Zusammenhänge zwischen der Wahrnehmung eingeschränkter Belastbarkeit
während der Monatsblutung und anderen möglichen Belastungs-
situationen im Alltag" (MAHR 1985), wie Beruf oder Haushalt,
untersucht.

2.1 Häufigkeit der Belastetheit während der
    Menstruation

Die unterschiedliche Einschätzung der eigenen Belastetheit
während der Regelblutung ist aus Abb. 4 ersichtlich:

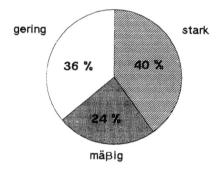

Abb. 4: Belastungserleben während der Menstruation:
        FEM-Faktor 1; Antworthäufigkeiten (n = 25)

40 % der befragten Frauen fühlen sich demnach während der
Menstruation stark belastet; fast ebensoviele geben für diese
Zeit eine geringe Belastung an, während nur 24 % der Probandinnen keine eindeutige Beeinträchtigung durch die Menstruation erleben. Aus der Literatur ist bekannt, daß "Frauen ihre

Arbeitskapaziät und ihre Leistungsfähigkeit während der
Menstruation als gemindert einschätzen, obwohl bei Messungen
des objektiven Leistungsverhaltens keine Leistungseinschrän-
kung nachweisbar war" (MAHR 1985, S. 57 ff.).
Da der Zusammenhang zwischen dem Erleben einer eingeschränk-
ten Belastbarkeit während der Menstruation und der beruflichen und familiären Lebenssituation bisher kaum untersucht
wurde, soll hier ein entsprechender Versuch unternommen
werden.

2.2 Alter und Belastetheit während der Menstruation

Aufgrund der relativ geringen Größe sowie der Altersverteilung in der Gesamtstichprobe (vgl. Kap. III. 1.1) ist eine
Aussage zur Abhängigkeit des FEM-Faktor 1 vom Alter nur eingeschränkt möglich. Nur 8 % der befragten Frauen gehören den
Altersklassen > 35 an, so daß eine einigermaßen sinnvolle
Aussage nicht möglich ist. Tab. 6 zeigt die Situation im Einzelnen:

Alter (Jahre)	n	Belastung		
		stark	mäßig	gering
16 - 20	6	3	2	1
21 - 25	9	2	2	5
26 - 30	5	2	2	1
31 - 35	3	2	-	1
36 - 40	1	-	-	1
> 40	1	1	-	-
	25	10	6	9

Tab. 6: Belastungserleben während der Menstruation in
Abhängigkeit von Alter (n = 25)

Tendenziell scheint es so zu sein, daß die Regelblutung für

die jüngeren der Probandinnen eine geringere Belastung darstellt, während eine mäßige bis starke Belastung von den
Frauen, unabhängig vom Alter empfunden wird.

2.3 Partnerbeziehung und Belastetheit während der Menstruation

FEM-Faktor 1	n	ver-heiratet	ohne feste	heteros. Partnerschaft	homosex.
stark	10	2	6	1	1
mäßig	6	1	4	1	-
gering	9	-	3	2	4
	25	3	13	4	5

Tab. 7: Belastungserleben während der Menstruation in
Abhängigkeit von der Partnerbeziehung (n = 25)

Die Belastetheit scheint für die Probandinnen ohne feste
Partnerschaft eine größere Bedeutung zu haben als für jene
mit einer festen Beziehung; dies offensichtlich unabhängig
von der Art dieser Beziehung (verheiratet, hetero- bzw.
homosexuell). Besonders auffällig ist in diesem Zusammenhang, daß sich fast alle Frauen in lesbischen Beziehungen
während der Monatsblutung nur gering belastet fühlen.

2.4 Belastetheit während der Menstruation bei Berufs-tätigkeit

Wir unterstellten, daß die Möglichkeiten einer berufstätigen
Frau, auf die Belastung durch die Menstruation einzugehen,

geringer sei als die der Mädchen und Frauen, die noch in der
Ausbildung stehen bzw. wegen Arbeitslosigkeit oder Haus-
frauendaseins ihren Arbeitsalltag freier gestalten können.
Die Frage war deshalb, ob berufstätige Frauen mehr als diejenigen, die zum Zeitpunkt der Befragung nicht im Berufsle-
ben standen, über eine Belastetheit während der Menstruation
klagen.

Tab. 8 gibt einen Überblick:

| Beruf | n | Belastetheit | | |
		stark	mäßig	gering
einf./mittl. Angestellte	9	4	3	2
Selbständige	2	1	1	-
Hausfrau	1	1	-	-
Arbeitslose	4	1	-	3
in Ausbildung	1	-	-	1
Schülerin	1	1	-	-
Studentin	6	1	2	3
Arbeiterin	1	1	-	-
	25	10	6	9

Tab. 8: Belastungserleben während der Menstruation in
Abhängigkeit von der Berufstätigkeit (n = 25)

Auch hier ist in Anbetracht der kleinen Gesamtstichprobe nur
eine vorsichtige Einschätzung möglich. Von 48 % berufstätigen Frauen (einfache/mittlere Angestellte, Selbständige, Ar-
beiterin) geben 50 % an, sich durch die Menstruation stark
beeinträchtigt zu fühlen, weitere 33 % sind mäßig und nur
8 % gering belastet.

Im Gegensatz dazu fühlen sich von den verbleibenden 52 %
nicht berufstätigen Frauen nur 30,8 % stark, 15,4 % mäßig,
jedoch 53,8 % nur gering belastet, so daß sich unsere oben
beschriebene Vermutung als zutreffend erweist.

2.5 Doppelbelastung in Haushalt und Beruf bzw. Schule

Die Frage nach der "Doppelbelastung in Haushalt und Beruf bzw. Schule" wird von 40 % Frauen mit "ja" und von 32 % mit "nein" beantwortet. 28 % der Frauen geben an, daß die anfallende Hausarbeit geteilt werde.

2.5.1 Doppelbelastung in Abhängigkeit vom Alter

Auffallend ist, daß die Doppelbelastung in den jüngeren Altersklassen etwas häufiger genannt wird (vgl. Tab. 9).

Alter (Jahre)	n	Doppelbelastung		
		nein	ja	geteilte Hausarbeit
16 - 20	6	2	3	1
21 - 25	9	1	5	3
26 - 30	5	2	1	2
31 - 35	3	2	1	-
> 36	2	1	-	1
	25	8	10	7

Tab. 9: Doppelbelastung in Haushalt und Beruf bzw. Schule abhängig vom Alter (n = 25)

Bei den Befragten, die jünger als 25 Jahre sind, gibt jede zweite eine Doppelbelastung an, während es bei den Altersgruppen über 25 Jahre nur jede fünfte ist, die sich doppelt belastet fühlt.

2.5.2 Doppelbelastung in Abhängigkeit von der
      Berufstätigkeit

Ein signifikanter Zusammenhang zwischen Doppelbelastung und
Berufstätigkeit kann nicht nachgewiesen werden. Frauen, die
eine Doppelbelastung empfinden, sind über alle Berufsgruppen
verteilt; selbst die Hälfte der Studentinnen gibt eine Doppelbelastung durch Studium und Haushalt an.

2.6 Doppelbelastung und Belastungserleben der Menstrua-
     tion

Bei der Einschätzung des Belastungserlebens der Menstruation
in Abhängigkeit von der Doppelbelastung ergibt sich ebenfalls kein signifikanter Unterschied wie Tab. 10 zeigt:

Doppelbelastung	n	Belastungserleben während der Menstruation		
		stark	mäßig	gering
nein	8	5	–	3
ja	10	3	5	2
Hausarb. wird geteilt	7	2	1	4
	25	10	6	9

Tab. 10: Belastungserleben während der Menstruation in
         Abhängigkeit von der Doppelbelastung in Haus-
         halt bzw. Schule (n = 25)

Auffällig ist nur, daß jede 5. der befragten Mädchen und
Frauen eine starke Belastetheit während der Menstruation
erlebt, jedoch keiner Doppelbelastung ausgesetzt ist. Es
wurden deshalb Zusammenhänge mit Alter, ausgeübtem Beruf,

Akzeptanz der Tochterrolle, Menstruationsverhalten der
Mutter, Partnerschaft und FEM 3 für diese Probandinnen gesucht.

Dabei stellte sich heraus, daß alle diese Frauen die Menstruation der Mutter teilweise bis völlig als Tabu erlebten
und fast alle (80 %) ohne festen Partner sind.

3. Menstruationsbeschwerden unter besonderer Berück-
    sichtigung des "prämenstruellen Syndroms" (FEM-
    Faktor 2)

"FEM-Faktor 2 beschreibt einen abgespannten, gereizt bis de-
pressiven Zustand in den letzten Tagen vor der Menstruation.
Drei weitere Items erfragen körperliche Beschwerden während
der Blutungsphase (Restfaktor 6)" (MAHR 1985, S. 131-132).
Wie nachfolgend dargestellt, kann bei den magersüchtigen
Mädchen und Frauen - ähnlich wie bei den Frauen der Hauptuntersuchung - kein Zusammenhang zwischen Menstruationsbeschwerden und sozialem Umfeld nachgewiesen werden.

3.1   Auftreten des prämenstruellen Syndroms

Fast die Hälfte aller befragten Frauen berichtet über vorhandene Beschwerden im Sinne eines prämenstruellen Syndroms
(vgl. Abb. 5).

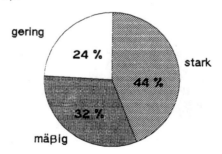

Abb. 5: Vorhandensein von Beschwerden im Sinne eines prä-
        menstruellen Syndroms: FEM-Faktor 2; Antworthäu-
        figkeit (n = 25)

Diese Ergebnisse decken sich mit entsprechenden Daten der
Berliner Untersuchung zum Menstruationserleben (MAHR 1985).

So scheinen physische und psychische Beschwerden vor der
Regelblutung vielen Frauen bekannt zu sein; auch sind sie
offensichtlich häufig der Anlaß für ärztliche Konsultationen.
Dennoch sollte auch für die Gruppe der Magersüchtigen über-
legt werden, "ob prämenstruelle Beschwerden nicht auch deshalb bereitwillig von Frauen eingeräumt werden, weil Beein-
trächtigungen körperlicher und psychischer Art vor der Menstruation als allgemein akzeptiert gelten, Frauen also möglicherweise einen Attribuierungsprozeß vornehmen, der ihnen
erlaubt, Müdigkeit, Verstimmtheit und Nervosität auf die be-
vorstehende Menstruation zu 'schieben'" (MAHR 1985, S. 132).

3.2   Altersstruktur beim prämenstruellen Syndroms

Eine Abhängigkeit des prämenstruellen Syndroms vom Alter der
Probandinnen kann für unsere Stichprobe aus bekannten Gründen (vgl. Kap. III. 2.2) kaum erwartet werden; eine entsprechende Tendenz müßte eher als zufällig interpretiert werden.
Die Auswertung zeigt denn auch eher das Gegenteil von dem,
was der Berliner Studie entsprechend zu erwarten wäre, nämlich: eine Häufung des prämenstruellen Syndroms mit zunehmen-
dem Alter.
Tab. 11 zeigt das Ergebnis für diese Stichprobe:

| Alter (Jahre) | n | Prämenstruelles Syndrom | | |
		stark	mäßig	gering
16 - 20	6	2	2	2
21 - 25	9	4	3	2
26 - 30	5	3	1	1
31 - 35	3	1	1	1
36 - 40	1	-	1	-
> 40	1	1	-	-
	25	11	8	6

Tab. 11: Prämenstruelles Syndrom in Abhängigkeit vom
Alter (n = 25)

Trotz der fehlenden Abhängigkeit soll in den nächsten Abschnitten nach möglichen Zusammenhängen zwischen dem individuellen Umfeld der Probandinnen und dem Auftreten von
prämenstruellen Beschwerden gefahndet werden.

3.3   Soziales Umfeld beim prämenstruellen Syndrom

Überprüft wurde ein möglicher Zusammenhang zwischen FEM-
Faktor 2 und den sozialen Variablen Partnerschaft, Berufsausbildung, Berufstätigkeit und Konfession.
Die Ausprägung prämenstrueller Beschwerden ist auch hier
- wie bei der Ausprägung der Doppelbelastung - bei Frauen
ohne feste Partnerschaft größer. 84,6 % der Probandinnen
ohne feste Partnerschaft geben an, durch prämenstruelle Beschwerden "mäßig" oder "stark" belastet zu sein, dagegen tun
dies von den Frauen in festen Beziehungen nur 66,6 %.
Auch bei der momentanen Berufstätigkeit gibt es unterschiedliche Ausprägungen des prämenstruellen Syndroms. Teilt man
die Probandinnen in 2 Gruppen, in Berufstätige, das sind
48 % der Frauen, und Nichtberufstätige, das sind 52 % der
Frauen, so ergibt sich folgendes Bild:

| Berufstätigkeit | n | Ausprägung d. prämenstr. Sydroms | | |
		stark	mäßig	gering
Nichtberufstätige	13	3	5	5
Berufstätige	12	11	-	1
	25	14	5	6

Tab. 12: Ausprägung des prämenstruellen Syndroms in
Abhängigkeit von der Berufstätigkeit (n = 25)

Die berufstätigen Frauen scheinen in stärkerem Maße als die
nicht Berufstätigen von prämenstruellen Beschwerden betrof-
fen zu sein.
Bei den Variablen Berufsausbildung und Konfession zeigen
sich keine Abhängigkeiten.

3.4 Prä-, peri- und menstruelle Beschwerden

"Üblicherweise wird im klinischen Sprachgebrauch zwischen
prämenstruellen und während der Menstruation bestehenden
Beschwerden unterschieden. Der im Fragebogen enthaltene
Restfaktor 6, der aus Items besteht, die körperliche Beschwerden während der Menstruation zusammenfassen, ...,
wurde ebenfalls auf Zusammenhänge mit der sozialen Lage
der befragten Frauen untersucht" (MAHR 1985, S. 134).

Dabei stellt sich heraus, daß die Ausprägungen der peri-
und menstruellen Beschwerden für keine der abhängigen Variablen signifikant verändert ist. Für alle diese Variablen trifft dagegen zu, daß sie eine gehäufte Nennung von
"mäßigen" Ausprägungen aufweisen, wohingegen die Möglichkeiten "stark" und "gering" vergleichsweise selten genannt werden.

Ein Zusammenhang zwischen Schwangerschaften und perimenstruellen Beschwerden kann nicht nachgewiesen werden, sieht
man einmal davon ab, daß keine der immerhin 36 % Frauen, die
Schwangerschaften erlebt haben, nur "geringe" perimenstruelle Beschwerden äußert.

Auch die Frage der Verhütung scheint in unserer Stichprobe
für das Auftreten von perimenstruellen Beschwerden keine
Bedeutung zu haben. Es findet sich kein signifikanter Unterschied zwischen der Häufigkeit perimenstrueller Beschwerden
der Frauen, die überhaupt keine Verhütungsmittel benutzen
(56 %) und denen, die unterschiedliche Verhütungsmittel benutzen (44 %), wobei auch innerhalb der 2. Gruppe keine Abhängigkeit nachzuweisen ist.

3.5 Perimenstruelle Beschwerden und Menstruationsbe-
lastetheit

Wenn man unterstellt, daß perimenstruelle Beschwerden dazu
führen, daß die Frauen sich während der Menstruation stärker
in Haushalt und Beruf beeinträchtigt fühlen, so findet sich
in unserer Untersuchung hierfür eine tendenzielle Bestätigung: Keine der Frauen, die sich durch perimenstruelle Beschwerden stark belastet fühlen, gibt nur "geringe" Belastetheit zur Zeit der Menstruation an, während starke Menstruationsbelastetheit niemals mit "geringen" perimenstruellen Beschwerden einhergeht, wie aus Tab. 13 hervorgeht.

Belastetheit während der Menstruation	n	perimenstr. Syndrom stark	mäßig	gering
stark	10	4	6	−
mäßig	6	2	2	2
gering	9	−	6	3
	25	6	14	5

Tab. 13: Perimenstruelle Beschwerden in Abhängigkeit
von Menstruationsbelastetheit (n = 25)

4. Menarche (FEM-Faktor 3)

In FEM-Faktor 3 werden die verschiedenen Erinnerungen an die
erste Menstruationsblutung erfragt. Wenn auch diese 1. Regelblutung den meisten Mädchen und Frauen als eindrucksvolles
Ereignis noch im Gedächtnis ist, so streuen doch die Empfin-
dungen, die sie damit in Verbindung bringen von Stolz und
Freude bis Ablehnung und Schrecken. Da die Art und Weise, wie
die Menarche erlebt wurde, von uns in engem Zusammenhang zu
anderen Bereichen, wie Aufklärung, Sexualität, Einstellung
zur Menstruation - auch der der Mutter - gesehen
wird, sollen diese Abhängigkeiten nachfolgend untersucht
werden:

4.1 Vorkommen unterschiedlicher Menarcheerfahrung

Die Mehrzahl der befragten Frauen (48 %) hat die Menarche in
unangenehmer Erinnerung; Stolz und Freude bringen diese Frau-
en nicht in Zusammenhang mit diesem Ereignis. Immerhin gibt
es auch Frauen (32 %), die von angenehmen Eindrücken berichten, wie z. B., die Menarche als Zeichen für "Erwachsensein"
oder "Frausein" gewertet zu haben. Weitere 20 % der Frauen
haben ambivalente Gefühle, wenn sie an ihre erste Regelblutung denken.

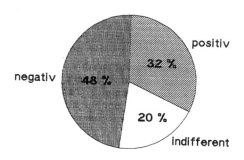

Abb. 6: Menarcheerfahrung: FEM-Faktor 3;
Antworthäufigkeiten (n = 25)

Auffällig sind diese Daten besonders im Vergleich zur Hauptuntersuchung. Wir hatten nämlich erwartet, daß sich hier besonders deutliche Unterschiede zeigen würden, und sind erstaunt, daß es nur ganz geringe Verschiebungen gibt. Und zwar haben die magersüchtigen Mädchen und Frauen offenbar noch klarere Erinnerungen an die Menarche, so daß die Antwortmöglichkeit "indifferent" zugunsten von "unangenehmen" bzw. "angenehmen" Erfahrungen etwas seltener gewählt wurde. Insgesamt erinnern sich ungefähr 4 % mehr magersüchtige Frauen positiver und ca. 3 % mehr negativer Erfahrungen als dies die Frauen der Hauptuntersuchung taten.

Das Erlebnis der ersten Regelblutung, verknüpft mit dem Wissen über die potentielle Möglichkeit schwanger werden zu können, beeinflußt in unterschiedlichem Maße die spätere Einstellung zur Menstruation und zur Sexualität, sicherlich auch in Abhängigkeit vom jeweiligen Alter der Probandin.

4.2   Menarcheerfahrung in Abhängigkeit vom Alter
      und der sozialen Lage

Frauen, die jünger als 30 Jahre sind, scheinen wenig bessere
Erfahrungen mit ihrer Menarche gemacht zu haben als solche,
die älter als 30 sind, wenngleich auch hier darauf hingewiesen werden muß, daß nur 20 % der Probandinnen in die Altersgruppe > 30 Jahre gehören (vgl. Tab. 14).

| Jahre | n | Menarcheerfahrung | | |
		positiv	indifferent	unangenehm
16 - 20	6	2	1	3
21 - 25	9	3	3	3
26 - 30	5	2	-	3
> 30	5	1	1	3
	25	8	5	12

Tab. 14: Menarcheerfahrung in Abhängigkeit vom Alter
         (n = 25)

Von den jüngeren Frauen berichtet immerhin jede dritte
über positive Erinnerungen an ihre Menarche, während dies
bei den älteren Frauen nur jede 5. tut.

Darüber hinaus bestehen keine signifikanten Abhängigkeiten
der Variablen Partnerbeziehung, Konfession, Schul- und Berufsausbildung bzw. Berufstätigkeit von einer positiven bzw.
negativen Menarchebeschreibung.

4.3   Menarcheerfahrung, Aufklärung und Erziehung

Bemerkenswert ist der unterschiedliche Wissensstand über die
Menarche, wie ein Einzelitem des FEM-Faktors 3 zeigt, das er-

fragt, ob die Probandin zum Zeitpunkt der ersten Regel "Bescheid wußte".
Von den befragten Frauen geben 64 % an, informiert gewesen zu
sein im Vergleich zu 34 %, die nicht "Bescheid wußten".

Bei Aufschlüsselung nach Altersgruppen zeigt sich einzig, daß
alle Frauen aus der Altersklasse < 20 Jahre angeben, "Bescheid gewußt" zu haben.
Für die Menarcheerfahrung spielt dieses "Bescheid wissen"
offensichtlich bei den Frauen, die aufgeklärt waren, keine
Rolle. Hingegen geben von den Frauen, die nicht aufgeklärt
waren, 89 % an, indifferente bis unangenehme Erinnerungen an
ihre erste Regel zu haben, nur 11 % beschreiben positive
Eindrücke ihrer Menarche.

Die Menarcheerfahrung zeigt darüber hinaus keine Abhängigkeit von Konfession oder Erziehung. So ist es beispielsweise
bedeutungslos für die Art des Menarcheerlebens, ob die
Menstruation der Mutter bewußt erlebt wurde oder vor dem
Mädchen verheimlicht wurde und als Tabu in Erinnerung ist.

4.4   Menarcheerfahrung und weibliche Homosexualität

Nahezu jede 3. Frau unserer Stichprobe gibt an, lesbische
Erfahrungen zu haben, und jede 5. hat eine zum Teil seit
Jahren bestehende feste lesbische Partnerschaft. Während
bei den Frauen ohne homosexuelle Erfahrungen fast eine
Gleichverteilung über positive, indifferente bzw. unange-
nehme Menarcheerfahrungen vorliegt, mit leichter Tendenz zu
unangenehmen Erinnerungen, ist dies bei den Frauen mit les-
bischen Erfahrungen eindeutiger:
Ungefähr die Hälfte (57,1 %) beschreibt positive, die andere
Hälfte unangenehme Menarcheerlebnisse; indifferente Erfah-

rungen werden überhaupt nicht genannt.
Das erstaunt im Hinblick auf das Modell der nicht akzeptierten Frauenrolle, das eher eine höhere Rate an unangenehmen
und auch indifferenten Erlebnissen erwarten läßt.

4.5 Menarcheerfahrung und perimenstruelle Beschwerden

Beim Vergleich des FEM-Faktor 3 mit dem Restfaktor 6, der
die perimenstruellen Beschwerden erfaßt, stellt sich überra-
schenderweise heraus, daß kein Zusammenhang zwischen dem Menarcheerleben und den Menstruationsbeschwerden besteht,
d. h., daß Frauen, die über prämenstruelle und menstruelle
Beschwerden klagen, sowohl positive als auch unangenehme
Menarcheerfahrungen gemacht haben; auch ein Umkehrschluß ist
nicht zu ziehen, daß nämlich heute bestehende perimenstruelle
und menstruelle Beschwerden die Erinnerung an die erste
Regel negativ beeinflussen. Ähnlich verhält es sich, wenn
Frauen ihre 1. Blutung als schmerzhaft erlebt haben. Dies
wird in Abschnitt 4.6 näher erläutert.

4.6 Schmerzen bei der ersten Menstruation

Nur ungefähr jede 4. Frau unserer Stichprobe berichtet über
Schmerzen bei ihrer ersten Blutung. Wenn man bedenkt, daß
sich 68 % der Probandinnen indifferenter (23 %) und unangenehmer (45 %) Menarcheerlebnisse erinnern, läßt dies nur
die Deutung zu, daß die eher ablehnende Menarcheeinstellung
nicht unbedingt in Zusammenhang mit körperlichen Schmerzen
steht. So zeigt Tab. 15 zwar, daß keine der Frauen, die sich
einer ersten schmerzhaften Regel erinnern, eine positive

Menarcheerfahrung beschreibt, jedoch schildern fast alle
Frauen, deren Menarche schmerzfrei verlaufen ist, dennoch
indifferente bis unangenehme Menarcheerlebnisse.

Menarche	n	Menarcheerfahrung		
		positiv	indifferent	unangenehm
schmerzfrei	19	2	6	11
schmerzhaft	6	-	1	5
	25	2	7	16

Tab. 15: Menarcheerfahrung in Abhängigkeit von Schmerzen
bei der ersten Regel (n = 25)

Auch eine Abhängigkeit der Variablen "schmerzhafte Menarche"
vom "Lebensalter" ist im Gegensatz zur Hauptuntersuchung
nicht nachzuweisen.

5. Einstellung zur Menstruation (FEM-Faktor 4)

FEM-Faktor 4 erfragt, "ob Frauen ihre Menstruation als positiven Ausdruck ihrer Weiblichkeit erleben, ob sie die allmo-
natliche Blutung als angenehm oder aber als etwas Lästiges
empfinden, das mit Einsetzen der Wechseljahre endlich aus
ihrem Leben verschwindet" (MAHR 1985, S. 148).
Im Folgenden wird gezeigt, daß die Tendenz bei magersüchtigen Mädchen und Frauen erwartungsgemäß eindeutig in Richtung
Ablehnung geht, wobei auffällt, daß sich die Einstellung
seit der Menarche vieler dieser Frauen offensichtlich geän-
dert hat.

5.1 Vorkommen von unterschiedlichen Menstruations-
     einstellungen

Abb. 7 zeigt, daß zwei von drei Frauen eine stark negative
Einstellung zu ihrer Menstruation äußern, während nur eine
von zwölf eine deutlich positive Haltung dazu hat.

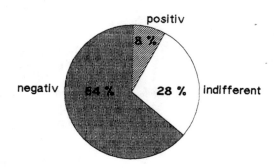

Abb. 7: Menstruationseinstellung: FEM-Faktor 4;
        Antworthäufigkeiten (n = 25)

In der Gesamtstichprobe ist die Menstruationseinstellung al-

tersunabhängig negativ. Die Frauen mit einer positiven Einstellung sind aus den Altersklassen 21 - 25 J. und 36 - 40 J.
Auch hier ist bemerkenswert, daß nur ein gradueller Unterschied zur Menstruationseinstellung der Frauen der Hauptstudie besteht.

5.2 Menstruationseinstellung und soziales Umfeld der
Frauen und Mädchen

Es kann keine Abhängigkeit der Menstruationseinstellung von
Alter, Konfession, Ausbildungsgrad und gegenwärtig ausgeübtem Beruf nachgewiesen werden. Dagegen scheint die partnerschaftliche Situation durchaus Einfluß auf die Menstruationseinstellung zu haben.
So fällt bei der Aufschlüsselung auf, daß von den verheirateten oder in festen heterosexuellen Beziehungen lebenden
Frauen 86 % eine negative Menstruationseinstellung haben,
nur 14 % nehmen eine indifferente Haltung ein; eine positive
Einstellung zu ihrer Menstruation gibt es bei diesen Frauen
nicht. Bei den Frauen ohne feste Partnerschaft berichten
immerhin schon 62 % über indifferente Gefühlte in Bezug auf
ihre Menstruation, aber auch von ihnen gibt keine eine positive Menstruationseinstellung an.
Einzig bei den lesbischen Frauen gibt es 40 %, die eine positive Menstruationseinstellung haben, weitere 20 % geben
indifferente, der Rest negative Gefühle in Bezug auf ihre
Menstruation an.

Daraus ergeben sich Hinweise darauf, daß die persönliche
Einstellung zur Menstruation in Zusammenhang steht mit der
Erwartungshaltung des (männlichen) Partners, mit dem, was ihm
als Erwartungshaltung unterstellt wird oder vielleicht sogar
mit seinem tatsächlichen Verhalten.

In Kap. III. 6 wird noch näher darauf einzugehen sein, ob sich bei FEM-Faktor 5 "Zärtlichkeit und Sexualität während der Menstruation" tatsächlich entsprechende Zusammenhänge zeigen.

5.3 Menstruationseinstellung und Menarcheerleben

Wir waren von der Überlegung ausgegangen, daß Frauen, die ihre Menarche mit Gefühlen von Freude und Stolz erlebt hatten, auch eher eine positive Menstruationseinstellung haben sollten als solche mit schlechten Menstruationserfahrungen.

Es zeigt sich, daß diese Abhängigkeit offensichtlich nur für die Frauen mit negativer Menarcheerfahrung besteht: von diesen Frauen (48 %) geben tatsächlich auch 83 % eine negative Menstruationseinstellung an; 8,5 % von ihnen haben zum Zeitpunkt der Befragung eine positive, 8,5 % eine indifferente Menstruationseinstellung.

In der Gruppe der Frauen mit positiver Menarcheerfahrung (32 %) finden sich entgegen unserer Erwartung nur 12,5 % der Frauen (lesbisch), die heute auch eine positive Menstruationseinstellung haben, dagegen 37,5 % mit indifferenter und sogar 50 % mit negativer Menstruationseinstellung.

Eine Besonderheit in Bezug auf Alter oder Partnerschaft ergibt sich bei entsprechender Aufschlüsselung nicht.

Aus diesen Daten kann gefolgert werden, daß neben dem Erleben der Menarche auch die spätere Sozialisation von großem Einfluß auf die Menstruationseinstellung der magersüchtigen Mädchen und Frauen ist.

5.4 Menstruationsbeschwerden und Menstruationsein-
stellung

Es scheint so, als würden Beschwerden vor oder während der
Menstruation die Einstellung zur Menstruation negativ beeinflussen. Zwar finden sich unter den Frauen, die über starke
Menstruationsbeschwerden klagen, auch einige wenige mit positiver Menstruationseinstellung, jedoch sind diejenigen, die
bei starken Menstruationsbeschwerden eine negative Einstellung zu ihrer Monatsblutung haben, weit in der Überzahl
(64,3 %). Erwähnenswert ist aber auch, daß immerhin 16 % der
Frauen mit nur geringen Menstruationsbeschwerden dennoch
eine negative Menstruationseinstellung angeben.

Auch in Bezug auf Restfaktor 6, der die perimenstruellen
Beschwerden erfaßt, zeichnet sich ein ähnliches Bild ab:

Alle Frauen mit starken perimenstruellen Beschwerden äußern
auch negative Gefühle in Bezug auf ihre Menstruation (24 %);
selbst bei mäßigen Schmerzen sind es noch 52 % der Frauen,
die eine indifferente bis negative Haltung einnehmen. Bei
geringen perimenstruellen Beschwerden finden sich 16 % mit
indifferenter bis negativer, aber auch nur 4 % mit einer positiven Menstruationseinstellung.

5.5 Menstruationseinstellung und Menstruations-
belastetheit

Hier ist ein Zusammenhang eher für die Frauen festzustellen,
die sich während ihrer Menstruation in Haushalt, Freizeit
und Beruf stark belastet fühlen; keine von ihnen hat eine
positive Einstellung zu ihrer Menstruation. Selbst bei mäßi-
ger Belastetheit werden von den Frauen nur indifferente bis

negative Gefühle in Bezug auf ihre Monatsblutung angegeben.
Erstaunlich ist, daß auch bei nur "geringer" Belastetheit
nur 8 % der Frauen eine positive, jedoch 28 % eine indifferente bis negative Menstruationseinstellung angeben. Insgesamt befinden sich in der Stichprobe nur 8 % Frauen, die sowohl eine geringe Belastetheit während der Menstruation als
auch eine positive Menstruationseinstellung angeben.

5.6   Befragungszeitpunkt und Menstruationseinstellung

Da nur 40 % der Probandinnen die Frage nach der Zyklusphase
beantwortet haben, erfährt die Auswertung hier eine weitere
Einschränkung.
Tendenziell zeigt sich jedoch die Menstruationseinstellung
dieser Frauen unabhängig von der Zyklusphase, in der sie sich
zum Zeitpunkt der Befragung befanden. Auch ein Zusammenhang
zwischen Blutungsstärke und der Menstruationseinstellung ist
nicht nachzuweisen, wobei hier besonders die subjektive
Einschätzung der Frauen in Rechnung zu stellen
ist. Daß nämlich nicht einmal die Hälfte aller Frauen ihre
Blutungsstärke als "normal" einschätzt, kann durchaus mit
einer negativen Menstruationseinstellung zusammenhängen.

6. Zärtlichkeit und Sexualität während der
    Menstruation (FEM-Faktor 5)

FEM-Faktor 5 versucht Aufschluß darüber zu gewinnen, in welchem Maße die befragten Frauen und Mädchen sich während
ihrer Monatsblutung besonders die Nähe des Partners wünschen
bzw. an sexuellen Aktivitäten interessiert sind oder Lustge-
fühle während der Menstruation erleben.

6.1 Sexualität während der Menstruation

Erfreulicherweise gaben alle 25 befragten Mädchen und Frauen
Auskunft zu den entsprechenden Fragen; Abb. 8 verdeutlicht
das Interesse der Befragten an Sexualität und Zärtlichkeit
während ihrer Menstruation:

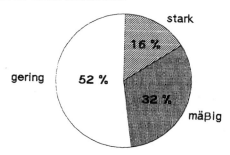

Abb. 8: Zärtlichkeit und Sexualität während der
        Menstruation: FEM-Faktor 5; Antworthäufig-
        keit (n = 25)

Mehr als die Hälfte der Probandinnen scheint sich während
ihrer Regelblutung vom Partner eher zurückzuziehen bzw.
sexuelle Aktivitäten abzulehnen. Nur jede 6. Frau berichtet
über Aufgeschlossenheit und lustvolles Erleben von Sexualität. In der Hauptuntersuchung von MAHR tat dies immerhin jede 3. Frau. Mäßiges Interesse bekunden immerhin 32 % der
Befragten, was in etwa dem Hauptuntersuchungsergebnis entspricht. Ein deutlicher Unterschied ist wieder in der Gruppe
derer zu finden, die nur geringes Interesse an sexuellen Aktivitäten während der Regelblutung haben. In dieser Untersuchung betrifft das ungefähr jede 2. Frau; MAHR konnte geringes Interesse nur bei etwa jeder 3. Frau feststellen.
Unsere Daten scheinen STRAUSS (1982) Recht zu geben, wenn er
anhand von Aussagen niedergelassener Allgemeinmediziner und
Gynäkologen meint, daß bei den meisten Frauen zum Zeitpunkt
der Menstruation sexuelle Aktivitäten auf ein Minimum reduziert seien. Es wird sich jedoch noch zeigen - vgl.
Kap. III. 6.4 -, daß das tatsächliche Sexualverhalten in
unserer Stichprobe von dem nur mäßig bekundeten Interesse
daran abweicht.

Wenn man unterstellt, daß dies nicht oder nicht nur von en-
dokrinologischen Faktoren wie dem erniedrigten Östrogen- und
Progesteronspiegel während der Menstruation abhängt, emp-
fiehlt es sich, beispielsweise auch soziale Komponenten und
das Partnerschaftsverhalten besonders zu beachten, was in
den folgenden Abschnitten geschehen soll.

6.2 Sexualverhalten während der Menstruation in
     Abhängigkeit von Alter und Partnerschaft

Die wenigen Frauen, die eine positive Einstellung zu Nähe
und Sexualität während der Menstruation haben, gehören überwiegend in die Altersgruppe der 21 - 25-jährigen; nur eines
der jüngeren Mädchen äußert ebenfalls den Wunsch nach Nähe
und Sexualität während seiner Regel. Selbst eine mäßige Tendenz zu sexuellen Aktivitäten während der Regel ist überwiegend bei den 21 - 25-jährigen Frauen zu finden, wobei aber
auch Frauen bis zum Alter von 30 Jahren solche Wünsche
äußern. Bei 52 % aller Befragten zeigt sich - unabhängig vom
Alter - eine eher ablehnende Haltung bzw. nur geringes
Interesse an sexuellen Aktivitäten und Nähe des Partners für
die Zeit der Menstruation.

Zwei unterschiedliche Aspekte des FEM-Faktors 5 sollen hier
getrennt beleuchtet werden: ein allgemeines Bedürfnis nach
Nähe zum Partner und der Wunsch nach sexueller Aktivität.
Diese beiden verschiedenen Anteile werden von zwei Einzelitems des FEM-Faktors 5 repräsentiert, nämlich "Ich fühle
mich während meiner Menstruation sexuell sehr anregbar" und
"wenn ich meine Tage habe, wünsche ich mir öfter die Nähe
meines Partners".

Bei Unterscheidung in diese beiden Items zeigt sich entgegen
unserer Erwartung für keines der Items ein Unterschied in den
Altersklassen: 68 % der Frauen geben an, während ihrer Monatsblutung nicht sehr anregbar zu sein, wobei mehr als die
Hälfte der Frauen, die dies bejahen, der Altersklasse der
21 - 25-jährigen angehören, in der jeweils die Hälfte der
Befragten eine sexuelle Anregbarkeit als zutreffend bzw.
nicht zutreffend beschreibt. Den Wunsch nach Partnernähe haben 54 % der Frauen, auch hier sind die 21 - 25-jährigen
Frauen mit wenig mehr als 50 % der Befragten leicht überrepräsentiert; jedoch zeigt sich darüber hinaus auch für die-

ses Item eine Gleichverteilung über alle Altersklassen.

Wir versuchten sodann, eine Abhängigkeit der beiden o. g.
Items von der Partnersituation nachzuweisen und stellten
fest, daß auch hier keine signifikanten Unterschiede bestehen. Auffällig ist bestenfalls, daß ca. 2/3 der Frauen ohne
feste Partnerschaft "sexuell nicht sehr anregbar" ankreuzen,
sich aber gleichzeitig Partnernähe während der Menstruation
wünschen; bei den verheirateten Frauen ist dies genau umge-
kehrt: sie sind "sexuell sehr anregbar" während ihrer Menstruation, lehnen aber Partnernähe dennoch ab, was als Bestätigung der in Kap. III. 5.2 geäußerten Vermutung über Zusammenhänge mit der Erwartungshaltung des Partners gewertet
werden kann.

6.3   Sexualverhalten während der Menstruation in
       Abhängigkeit von der Religionszugehörigkeit

Bei FEM-Faktor 5 zeigen sich - wie bei allen anderen FEM-
Faktoren auch - keine Zusammenhänge mit der jeweiligen Konfession, selbst bei den 16 % Frauen, die ohne Konfession
sind, ist weder ein Unterschied innerhalb der Gruppe noch
eine Auffälligkeit im Vergleich mit der konfessionsgebun-
denen Gruppe zu verzeichnen.

6.4   Menstruationseinstellung in Abhängigkeit vom
       Sexualverhalten

Die Vermutung, daß bei positiver Einstellung zu Sexualität
und Partnernähe auch die allgemeine Einstellung zur Men-

struation (FEM-Faktor 4) positiv ausfällt, hat sich nicht
bestätigt. Von den Frauen, die starkes Interesse an sexuellen Aktivitäten und Partnernähe während der Menstruation bekunden (16 %), haben 3 von 4 eine negative Menstruationseinstellung. Im Gegensatz dazu deckt sich bei 32 % der Frauen eine negative Menstruationseinstellung mit geringem Interesse an
Sexualität und Partnernähe während der Monatsblutung.

Auffällig ist, daß trotz der eher ablehnenden Haltung zu
sexuellen Aktivitäten während der Regel immerhin 45,8 %
aller Befragten angeben, während der Menstruation mit ihrem
Partner zu schlafen; besonders zu betonen ist, daß es sich
hier bei jeder 3. um eine lesbische Frau handelt.

Bei Frauen, die während der Regelblutung nicht mit ihrem
Partner schlafen (54,2 %), hat das offensichtlich überwiegend
nichts damit zu tun, daß sie vermuten, daß "ihm das unangenehm" sei (Einzelitem 20), jedenfalls sieht nur jede 3. Frau
diesen Zusammenhang; interessanterweise sind in dieser Gruppe die lesbischen Frauen nicht vertreten.

Bei Einzelitem 23 zeigt sich, daß sogar jede 4. Frau mit
ihrem Partner genauso gerne schläft, während sie ihre Menstruation hat, wie sonst; hier sind die lesbischen Frauen
überrepräsentiert.

Nach Vergleich dieser Einzelitems liegt die Vermutung nahe,
daß sich lesbische Frauen mit ihren Wünschen nach Partnernähe und sexuellen Aktivitäten eher verstanden fühlen, vielleicht auch aufgrund gleicher biologischer Voraussetzungen.

6.5   Sexualverhalten während der Menstruation in
      Abhängigkeit vom Beruf

Der in der jüngeren Literatur gezogene Schluß (MAHR 1985,
S. 162), Frauen, die einer höheren sozialen Schicht angehören, würden "Freiräume für Kreativität und Phantasie im
sexuellen Bereich ... verstärkt in Anspruch" nehmen, und
"das Tabu um die Menstruation scheint von diesen Frauen
leichter aufgelöst werden zu können", so daß intime Partner-
kontakte auch während der Monatsblutung aktiviert werden,
kann in unserer Stichprobe nicht nachvollzogen werden.

Besonders bei den Studentinnen und den mittleren bis höheren
Angestellten ist ein nur geringes Interesse an sexuellen Ak-
tivitäten vorherrschend. Fast 70 % der Frauen mit geringer
Ausprägung des FEM-Faktors 5 gehören in diese beiden Gruppen.

6.6   Partnerschaftsabhängigkeit des Sexualverhaltens
      während der Menstruation

Für keines der Einzelitems des FEM-Faktors 5 können signifi-
kante Unterschiede zwischen Frauen "mit" und Frauen "ohne"
feste Partnerschaft nachgewiesen werden. Zu berücksichtigen
ist hierbei, daß Frauen ohne feste Partnerschaft vermutlich
partnerbezogene Fragen zwar mit "stimmt nicht" beantwortet
haben, die Antwort jedoch erweitert verstanden werden muß im
Sinne von "da ich keinen festen Partner habe, stimmt dies
nicht".

6.7 <u>Menstruationsbeschwerden und Wunsch nach</u>
<u>sexuellen Aktivitäten während der Menstruation</u>

Menstruationsbeschwerden, wie sie vom FEM-Faktor 2 und vom
Restfaktor 6 erfaßt werden, stehen in keinem nachweislichen
Zusammmenhang mit dem geringen Bedürfnis der Probandinnen
nach sexuellen Kontakten und Nähe des Partners während der
Regel, so daß sie also nicht als Hinderungsgrund für den
Austausch von Zärtlichkeiten und Intimitäten während der
Menstruation gelten können.

7. Spezielle Aspekte der Magersucht

7.1 Häufigkeiten der verschiedenen Abnahmemethoden

Mit den Einzelitems 61 und 62 wurde die Art und Weise, in
der die Gewichtsabnahme herbeigeführt wurde, erfaßt. Dabei
war vorgegeben, daß von vier möglichen Antworten nur maximal
zwei angekreuzt werden durften:

1) ich habe sehr viel gegessen und dann
   wieder erbrochen
2) ich habe normal gegessen und häufig
   erbrochen
3) ich habe weniger als vorher gegessen
4) ich habe mehr Abführmittel genommen als
   die Menschen in meiner Umgebung.

Es stellte sich heraus, daß 8 % der Probandinnen hierzu
keine Angaben machen; von den Frauen, die diese Frage beantworten, wählen 82,61 % die 3. Antwortmöglichkeit, nämlich
"weniger essen". Ungefähr jede 2. dieser Frauen gibt an, dies
in Kombination mit einer der anderen Methoden zu tun, wobei
die Möglichkeit 2 die am wenigsten gebräuchliche in unserer
Stichprobe ist.
Nur 17,39 % der Frauen führen ihren großen Gewichtsverlust
entscheidend auf die Tatsache zurück, daß sie sehr viel gegessen und dann wieder erbrochen haben.

Einer Untersuchung BEUMONTs (1977) folgend, die Zusammenhänge nachweist zwischen der Art der Gewichtsabnahme und der
Einstellung zur Sexualität, stellten wir die drei entstan-
denen Gruppen

- nur Methode 3
- Methode 3 + eine der anderen Methoden

- ohne Methode 3

dem FEM-Faktor 5 gegenüber.

BEUMONT beschreibt, daß Frauen und Mädchen, die ausschließlich durch Nahrungseinschränkung zur Gewichtsreduktion gelangen, meist auch eine sehr rigide Einstellung zu ihrem
Körper und zur Sexualität haben; ihre Prognose sei auch entsprechend schlechter als bei den Frauen, die ihr Untergewicht auch auf andere Weise, nämlich durch Erbrechen bzw.
Abführen (Purgativa), erreichen; bei ihnen fand BEUMONT auch
häufiger heterosexuelle Beziehungen.

Unsere Ergebnisse weichen tendenziell von denen BEUMONTs ab:
Wenn man - von seinen Ergebnisse ausgehend - unterstellt,
daß Frauen mit weniger rigider Einstellung zur Sexualität
auch während ihrer Menstruation eher Bedürfnisse nach
sexuellen Aktivitäten zulassen, so ist dies in unserer
Stichprobe nicht zu belegen.
Von den 56,52 % Frauen, die nur oder auch andere Methoden
als Nahrungseinschränkung zur Methode ihrer Gewichtsreduktion machen, äußern lediglich 4,35 % ein starkes Bedürfnis
nach partnerschaftlicher Nähe und sexuellen Aktivitäten
während ihrer Regelblutung. Im Gegensatz dazu geben Frauen,
die nur durch diätetische Nahrungseinschränkung zu ihrem
Untergewicht gelangen, solche Wünsche in 20 % aller Fälle an.

Eine Abhängigkeit dieses Aspekts von den übrigen FEM-Faktoren und den verschiedenen sozialen Variablen ist nicht
nachzuweisen.

7.2 Vergleich der Abnahmemethoden mit der partnerschaftlichen Situation

Mehr als die Hälfte der Frauen (53,84 %) ohne feste Partnerschaft geben an, Methode 3 mit einer anderen Methode zur Gewichtsreduzierung zu kombinieren, während mehr als die Hälfte der lesbischen Frauen (60 %) ausschließlich Nahrungseinschränkung praktizieren; bei verheirateten Frauen oder solchen in festen heterosexuellen Beziehungen läßt sich keine Auffälligkeit feststellen.
Ebenso wenig ist ein Zusammenhang zwischen den einzelnen FEM-Faktoren und den Abnahmemethoden nachzuweisen.

7.3 Reihenfolge des Auftretens der Gewichtsabnahme und der sekundären Amenorrhoe

Besondere Beachtung schenkten wir auch der Frage, in welcher Reihenfolge Magersucht und Amenorrhoe auftraten. Einzelitem 75 erfaßt deshalb, welches Ereignis bei den Frauen zuerst auftrat

- Ausbleiben der Regel
- Gewichtsabnahme

oder ob

- beides etwa zeitgleich festzustellen war.

Auch bei dieser Bewertung kann nur eine Antworthäufigkeit von 80 % der Befragten zugrunde gelegt werden, weil einige Frauen keine Angaben machen, zum Teil, weil sie sich nicht (mehr) erinnern. Die zu bewertenden Antworten verteilen sich wie folgt:

50 % erstes Ereignis: Gewichtsabnahme

    25 % erstes Ereignis: Ausbleiben der Regel
    25 % beide Ereignisse fanden etwa gleichzei-
          tig statt.

Diese Zahlen liegen leicht über denen von STEINHAUSEN (1983),
der für 25 - 50 % der magersüchtigen Frauen ein Einsetzen
der Amenorrhoe schon vor bzw. gleichzeitig mit dem Gewichtsverlust beschreibt.
Wir konnten in diesem Zusammenhang feststellen, daß die
Mehrzahl der Frauen, bei denen die Amenorrhoe vor der Gewichtsabnahme eintrat, ausschließlich Methode 1 zur
Gewichtsreduktion benutzte: viel essen und dann wieder
erbrechen.
Auch hier kann weder ein Zusammenhang mit den verschiedenen FEM-Faktoren noch mit der partnerschaftlichen Situation
oder anderen sozialen Variablen nachgewiesen werden.

8. Zusammenfassung der Ergebnisse

In Anwendung von Teilen des "Berliner Instrumentarium zum
Menstruationserleben", das von MAHR (1985) bereits bei einer
Befragung von 598 Berliner Frauen benutzt wurde, sind in
dieser Arbeit 25 magersüchtige und ehemals magersüchtige
Berliner Frauen und Mädchen befragt worden.

Auch bei ihnen wurde nach Wechselwirkungen der Faktoren des
Menstruationserlebens mit anderen Bereichen des täglichen
Lebens gesucht, z. B. soziale Lage, berufliche bzw. Ausbil-
dungssituation, Partnerschaft, körperliche Beschwerden usw.

Wie bereits in Kap. II. 1. beschrieben, wurden dabei die
FEM-Faktoren der Berliner Menstruationsstudie übernommen:

FEM 1: Belastetheit während der Menstruation
FEM 2: Prämenstruelles Syndrom
FEM 3: Erfahrungen mit der Menarche
FEM 4: Einstellung zur Menstruation
FEM 5: Zärtlichkeit und Sexualität während
       der Menstruation

Die Ergebnisse sind - nach den einzelnen FEM-Faktoren
getrennt - nachfolgend zusammengefaßt:

FEM-Faktor 1:
Tendenziell - jedoch bei weitem nicht so eindeutig wie in
der Hauptuntersuchung - zeigt sich eine Abhängigkeit der
Menstruationsbelastung vom Alter. Und zwar ist sie bei den
ganz jungen Frauen am höchsten und in der Altersgruppe der
21 - 25-jährigen am geringsten.
Einen deutlichen Einfluß auf die Menstruationsbelastetheit
haben psychosoziale Komponenten wie Partnerschaft, Berufstätigkeit und besonders Doppelbelastung in Haushalt und Be-
ruf/Studium. So besteht bei nicht berufstätigen Frauen und

bei Frauen mit fester Partnerschaft eine geringere Belastetheit, wobei die Partnerschaft bei lesbischen Frauen in
fast allen Fällen mit einer geringen Menstruationsbelastetheit verbunden ist.
Unabhängig von Berufstätigkeit und Berufsgruppe geben mehr
als doppelt so viele Frauen unter 25 Jahren als solche über
25 Jahren eine Doppelbelastung an. Ein Zusammenhang mit der
Menstruationsbelastetheit konnte hier insofern ermittelt
werden, als jede 5. Frau ohne Doppelbelastung dennoch eine
starke Belastetheit während der Menstruation empfindet. Fast
alle diese Frauen sind ohne feste Partnerschaft und haben
die Menstruation der Mutter als völliges Tabu erlebt.

FEM-Faktor 2:
Fast die Hälfte der befragten Frauen äußert Beschwerden im
Sinne eines prämenstruellen Syndroms bzw. Dysmenorrhoe. Jün-
gere Frauen, Frauen in festen Beziehungen und solche ohne
Berufstätigkeit äußern deutlich weniger Menstruationsbeschwerden. Es zeichnen sich darüber hinaus Zusammenhänge
zwischen Menstruationsbeschwerden und Menstruationsbelastetheit ab.
Die mit der Menstruation zusammenhängenden Beschwerden stehen dagegen in keiner Abhängigkeit von Ausbildung, Konfession oder den übrigen untersuchten Variablen.

FEM-Faktor 3:
Magersüchtige Frauen und Mädchen haben in Bezug auf ihre
erste Regelblutung ein überwiegend polarisiertes Erinne-
rungsbild. Selten erinnern sie sich indifferenter Gefühle.
Noch eindeutiger ist dies bei den lesbischen Frauen der
Stichprobe; von ihnen haben mehr als die Hälfte positive und
keine einzige indifferente Erinnerungen.
Positive Erfahrungen sind bei den jüngeren Frauen häufiger
als bei den älteren.
Erstaunlich ist, daß diese positiven Erfahrungen unabhängig
von allen anderen Variablen zu sein scheinen (wie Partner-

beziehung, Konfession, Ausbildung, Berufstätigkeit, Menstruationsbeschwerden oder schmerzhafter Menarche) und auch kein
Einfluß auf die spätere Menstruationseinstellung nachzuweisen
ist.
So ist eine schmerzhafte Menarche kein Hinderungsgrund für
eine positive Menarcheerfahrung, wie auch Konfession oder
Ausbildung diese Erfahrung nicht beeinflussen. Äußerstenfalls
kann eine negative Menarcheerfahrung mit einer negativen
Menstruationseinstellung in Zusammenhang gebracht werden.
Im Unterschied zur Hauptstudie können auch keine Zusammenhänge zwischen Menarcheerfahrung und Aufklärung oder Sexualverhalten festgestellt werden.

FEM-Faktor 4:
Erstaunlicherweise ergeben sich bei diesem FEM-Faktor sehr
ähnliche Ergebnisse wie in der Hauptuntersuchung. Die befragten Frauen haben altersunabhängig eine stark negative
Einstellung zu ihrer Regelblutung; dies unabhängig von
Zykluszeitpunkt und -verlauf sowie den verschiedenen sozialen Variablen.
Einzige abhängige Variablen sind Partnerschaft, Menstruationsbeschwerden und sonstige Belastungen. So fällt auf, daß
alle Frauen mit positiver Menstruationseinstellung in einer
lesbischen Partnerschaft leben. Frauen ohne feste Partnerschaft haben immerhin überwiegend eine indifferente Einstel-
lungen zu ihrer Menstruation, während fast alle Frauen in
heterosexuellen festen Beziehungen eine ablehnende Haltung
zu ihrer Regelblutung einnehmen. In Bezug auf Menstruations-
und perimenstruelle Beschwerden sowie auf sonstige Belastungen in Haushalt und Beruf gibt es einen deutlichen Zusammenhang zwischen starken Beschwerden, starker Belastung und
negativer Menstruationseinstellung; der Umkehrschluß ist
jedoch nicht zulässig.

FEM-Faktor 5:
Beim Vergleich des FEM-Faktor 5 ergeben sich deutliche Unter-

schiede zur Hauptuntersuchung.
So lehnen mehr als die Hälfte der Frauen Zärtlichkeit und
Sexualität während der Regelblutung ab; nur jede 6. Frau hat
eine offene Einstellung zu sexuellen Aktivitäten während dieser Tage; es handelt sich dabei auffälligerweise überwiegend
um Frauen aus der Altersgruppe 21 - 25 Jahre. In dieser Gruppe befindet sich auch die Mehrzahl der Frauen, die sich während ihrer Menstruation "sehr anregbar" fühlen und den Wunsch
nach Partnernähe in dieser Zeit äußern. Darüber hinaus ist in
unserer Studie im Vergleich zur Hauptuntersuchung ein deutlich geringeres Interesse an sexuellen Aktivitäten während
der Menstruation bei Zugehörigkeit zu höheren sozialen
Schichten zu verzeichnen. Es können auch keine Abhängigkeiten von den übrigen Variablen festgestellt werden, insbesondere sind weder zu Ausbildungsstand noch Konfession oder
Menstruationseinstellung Zusammenhänge zu erkennen. Allerdings kann auch in unserer Stichprobe - genau wie in der
Hauptuntersuchung - das mangelnde Interesse an sexuellen
Aktivitäten nicht als Folge von Menstruationsbeschwerden
gedeutet werden.

Auffällig ist hier jedoch, daß trotz einer überwiegend ablehnenden Haltung in bezug auf sexuelle Aktivitäten während
der Menstruation fast jede 2. Frau angibt, in dieser Zeit
mit ihrem Partner zu schlafen, dies betrifft besonders die
lesbischen Frauen. Allerdings tut dies nur jede 4. Frau
genauso gern wie sonst - ausgenommen die lesbischen Frauen,
die eine solche Einschränkung nicht machen.
Einen Zusammenhang mit eventuellen Vorbehalten des Partners
sehen die wenigsten der Frauen, die sexuelle Aktivitäten
während der Regel ablehnen.

Die Überprüfung eines möglichen Einflusses der Methode zur
Schwangerschaftsverhütung oder der Zyklusphase zum Zeitpunkt
der Befragung auf die Beantwortung der Frage ergibt keine
Auffälligkeiten.

Zusätzlich wurden spezielle Aspekte der Magersucht, wie Ab-
nahmemethode und die zeitliche Abfolge von Gewichtsabnahme
und sekundärer Amenorrhoe, in Beziehung zu den einzelnen
FEM-Faktoren bzw. den sozialen Variablen gesetzt.
In keinem Fall ist hier eine Abhängigkeit zu finden.

Diese mit Teilen des Berliner Instrumentariums zum Menstruationserleben gewonnenen Ergebnisse deuten darauf hin, daß
die Menstruation bei magersüchtigen und ehemals magersüchtigen Mädchen und Frauen in ähnlichem Maße wie bei Frauen ohne
Eßstörungen insbesondere kulturellen, gesellschaftlichen und
psychischen Einflüssen unterliegt. Die mit der Eßstörung
verbundenen Einflüsse scheinen dagegen eher untergeordnete
Bedeutung zu haben.

IV. INTERPRETATION DER ERGEBNISSE

Auch wenn emotionale und psychische Erlebnisse im Zusammenhang mit dem weiblichen Zyklus medizinisch allgemein aner-
kannt sind, wurden diese Erfahrungen im Vergleich zu den
körperlichen Veränderungen im Zyklusverlauf in der Vergan-
genheit kaum untersucht.
So erscheint auch die Regelblutung in der Literatur weniger
als ein Faktor normalen weiblichen Lebens, sondern meist als
periodische Krankheit; doch selbst als diese wurde sie bis
in die 30er Jahre dieses Jahrhunderts hinein von der Wissenschaft vernachlässigt.

In der jüngeren Literatur finden sich einige Beiträge zu
diesem Thema, die den emotionalen und psychischen Erlebnissen mehr Beachtung schenken.

So ermutigen REDGROVE & SHUTTLE (1983) dazu, die Menstruation wieder in ihrem "natürlichen" Kontext zu sehen. Sie
zeigen die Möglichkeit auf, daß die Menstruation vielleicht
das "innere Leben" betrifft, sowie Methoden, "sich ihm zu
nähern, und nicht nur das äußere Leben der Wissenschaft und
der Medizin" (REDGROVE & SHUTTLE 1983, S. 12).

MAHR (1985) untersuchte die Hintergründe für eine eher ablehnende Haltung zur Menstruation und stellt fest, daß offenbar "weder vorhandene Menstruationsbeschwerden, noch andere, aus der Individualität der Frau heraus erklärbare Unterschiede" das Erleben der Blutung als Zeichen von Weiblichkeit beeinflussen (MAHR 1985, S. 179).
In beiden Untersuchungen kommt zum Ausdruck, daß das individuelle Erleben der Menstruation abhängig ist vom gesellschaftlichen Umfeld der Frau, daß also sozio-ökonomische und
kulturelle Faktoren offensichtlich Wertmaßstäbe setzen für
das persönliche Empfinden der Regelblutung. In die gleiche
Richtung weist auch GAST (1986), wenn sie die individuelle

Magersuchtentwicklung in Beziehung zu patriarchal-gesell-
schaftlichen Strukturzusammenhängen setzt.

Die jüngeren Publikationen überwiegend weiblicher Autoren
lassen hoffen, daß zukünftig weniger das Symptom "Menstruation" als vielmehr die mehrschichtigen Zusammenhänge für
sein Verstehen erforscht werden.

Ein Beitrag hierzu soll diese Arbeit sein.
Zwar sind bedauerlicherweise auf der Basis der vorhandenen
kleinen Fallzahl und der mittels Signifikanzprüfung nicht
nachweisbaren "Überzufälligkeit" der Ergebnisse Rückschlüsse
auf die Grundgesamtheit der Magersüchtigen eigentlich nicht
zulässig (ROSEMEIER 1978). Dennoch sollen zumindest neue
Aspekte aufgezeigt werden, die evtl. an größeren Fallstudien
verifiziert werden können. Eine Interpretation der Ergebnisse soll aus dem genannten Grund nur sehr zurückhaltend vor-
genommen werden.

a) Erfahrungen mit der Menarche und Menstruationserleben bei Magersüchtigen
In unserem Kulturkreis gerät mit Einsetzen der ersten Regelblutung ein etwa 12-jähriges Mädchen in ein Spannungsfeld
zwischen der potentiellen Möglichkeit und dem Verbot sexueller Fortpflanzung. Inwieweit es dies verstehen und umsetzen
kann, wird weitestgehend vom Grad seiner sozialen Reife und
dem Stand seiner Aufklärung abhängen. MAHR weist nach, daß
eine "Enttabuisierung von Geschlecht und Körper" (MAHR 1985,
S. 178) zu einer deutlich weniger belastenden Menarche und
geringeren unangenehmen Erinnerungen an die erste Regelblutung führt und daß das Verarbeiten der Menarche entscheiden-
den Einfluß auf die spätere Einstellung zur Menstruation hat.

Ausgehend von der Überlegung, daß die erste Regelblutung
durch eine Identifizierungsproblematik - wie sie durch die

Anorexia nervosa zum Ausdruck kommt - eher verschärft wird,
hatten wir unterstellt, daß magersüchtige Frauen ihre Menarche mehr als die Frauen der Hauptuntersuchung belastend oder
unangenehm erlebt haben.
Dies auch in konsequenter Fortführung der in Kap. I. 2.5
bereits beschriebenen Darstellung von SELVINI PALAZZOLI,
daß die Pubertät und die damit eintretende überwältigende
körperliche Entwicklung - und in diesem Zusammenhang auch
die Menarche - zu traumatischen Situationen führe und das
scheinbar emotionale Gleichgewicht der potentiell Magersüchtigen empfindlich störe.

Für den relativ hohen Anteil der lesbischen Frauen in unserer Stichprobe erwarteten wir dies in besonderem Maße, da
bei ihnen die Störung der Identitätsfindung in doppelter
Hinsicht zum Ausdruck kommt: einmal in ihrer Magersucht und
zum anderen in ihrer Hinwendung zum weiblichen Partner.

Umso mehr überraschte uns das Ergebnis, daß nur geringfügig
mehr magersüchtige Frauen sich einer unangenehmen Menarche
erinnern als in der Gruppe der 'gesunden' Frauen. Daneben
sind selbst die Frauen, die eine positive Menarcheerfahrung
gemacht haben, in unserer Stichprobe etwas stärker vertreten
als in der Vergleichsgruppe.
Diese tendenzielle Polarisierung der Menarcheerinnerung zeigt
sich darüber hinaus im Gegensatz zur Hauptuntersuchung stabil
im Vergleich mit anderen sozialen Parametern und den übrigen
FEM-Faktoren. Ausnahme: die partnerschaftliche Situation, die
in Kapitel V. d) diskutiert wird. Ein auffälliger Unterschied
zur Hauptuntersuchung zeigt sich auch darin, daß keine Zusammenhänge bestehen zwischen dem FEM-Faktor 3 und der Tatsache,
daß das Mädchen zum Zeitpunkt der Menarche 'aufgeklärt' war.

Besonders erstaunlich ist das Ergebnis, daß die lesbischen
Frauen unserer Stichprobe in Bezug auf das Menarcheerleben
die positivsten Erfahrungen sowohl im Vergleich zur Hauptun-

tersuchung als auch zu den übrigen Frauen unserer Stichprobe
aufweisen. Dies steht darüber hinaus auch im Gegensatz zu
den Ausführungen MAHRs, deren Beobachtungen zufolge "homosexuelle Frauen ihre Menarche in der Mehrzahl als belästi-
gend und unangenehm erlebten" (MAHR 1985, S. 178). Angesichts
der Tatsache, daß es sich faktisch aber um sehr wenige lesbische Frauen handelt, halten wir eine Interpretation hier
für zu gewagt.

Wir neigen dazu, diese Ergebnisse so zu werten,
**daß die Menarche ein äußerst bedeutungsvolles
Ereignis im Leben jeder Frau ist. Individuelle
Unterschiede, wie beispielsweise die Magersucht,
üben im Vergleich zu sozio-kulturellen Gegebenheiten einen deutlich geringeren Einfluß auf das
Menarcheerleben aus.**

b) Menstruationseinstellung von Magersüchtigen
Ähnlich wie die Ergebnisse zum Menarcheerleben zeigen auch
die zur Menstruationseinstellung kaum Abweichungen zur Hauptuntersuchung, so daß das unter a) Gesagte einmal mehr bestätigt scheint.
Die überwiegend negative Menstruationseinstellung in beiden
Stichproben ist vergleichbar.
Auffällig ist auch hier der Zusammenhang mit der partnerschaftlichen Situation: in der Gruppe "positive Menstruationseinstellung" befinden sich nur lesbische Frauen, in der
Gruppe "indifferente Menstruationseinstellung" überwiegend
Frauen ohne feste Partnerschaft, während die Frauen in heterosexuellen Beziehungen fast alle eine negative Menstruationseinstellung äußern. Die negative Menstruationseinstellung
dieser letztgenannten Gruppe ist deutlich verknüpft mit starken Menstruationsbeschwerden und einer deutlich höheren
Menstruationsbelastung.

Dieses Ergebnis kann als Bestätigung der These von MAHR ge-

wertet werden, daß nämlich "innerhalb der bestehenden Gesell-
schaftsstrukturen die Selbstfindung von Frauen deshalb pro-
blematisch sein kann, weil sie sich in einem steten Konflikt
zwischen ihrem Drang zu Fruchtbarkeit und Fortpflanzung und
ihrem Interesse an beruflicher Verwirklichung befinden. Ein
umfassender Bewältigungsversuch muß scheitern und kann zu
einer lastvollen Menstruation führen" (MAHR 1985, S. 184).
Ein Interpretationsansatz unserer Ergebnisse wäre hier:
   **Die Selbstfindung als Frau innerhalb patriarchal-
   gesellschaftlicher Strukturen ist offensichtlich
   konfliktbehaftet. In dieser Situation erleben Frau-
   en in heterosexuellen Beziehungen eine lastvolle
   Menstruation. Andere Frauen entziehen sich teilweise diesem Konflikt durch Verzicht auf Partnerschaft;
   ihre Menstruation verläuft weniger negativ. Der
   veränderte Selbstwert von lesbischem Frauen führt
   auch zu einer positiveren Menstruationserfahrung.**

c) <u>Zärtlichkeit und Sexualität während der Menstruation
   bei Magersüchtigen</u>
Die deutlichsten Unterschiede im Vergleich unserer Stichprobe magersüchtiger Frauen und Mädchen mit den Frauen der
Hauptuntersuchung ergeben sich beim FEM-Faktor 5: Zärtlichkeit und Sexualität während der Menstruation bei Magersüchtigen.

Während in der Hauptuntersuchung jeweils ungefähr 1/3 der
Frauen starkes, mäßiges und geringes Interesse an Zärtlichkeit und Sexualität während der Menstruation bekundet, sind
es bei den Magersüchtigen mehr als die Hälfte der Frauen,
die eine ablehnende Haltung dazu einnehmen. Nur jede 6. Frau
bekennt sich zum Wunsch nach Zärtlichkeit und sexuellen Aktivitäten in den Tagen der Regelblutung, dies unabhängig von
Menstruationsbeschwerden.

Diese Ergebnisse bestätigen die 'klassische' Erklärung, daß

die Gründe für eine Magersucht u. a. in einer Störung der Geschlechtsidentität zu suchen seien.

Überraschend ist dann aber die Tatsache, daß trotz dieser überwiegend ablehnenden Haltung zu sexuellen Kontakten während der Menstruation fast jede 2. magersüchtige Frau unserer Stichprobe in dieser Zeit mit ihrem Partner schläft. Allerdings tut dies nur die Hälfte von ihnen (ausgenommen die lesbischen Frauen) genauso gerne wie sonst, dies unabhängig von allen anderen untersuchten Einflußgrößen.

Dieser auffällige Widerspruch zwischen der geäußerten Ablehnung von Intimkontakten während der Menstruation und offensichtlich gegensätzlichem Verhalten läßt zweierlei Interpretationen zu:

entweder das aufgeschlossenere Verhalten ist Ausdruck eines Liberalismusbündnisses zwischen den Partnern gegenüber überlieferten Sexualtabus

oder der Widerspruch basiert auf dem magersuchtspezifischen Konflikt: Verschmelzungsangst und Symbiosewunsch.

d) <u>Der Einfluß der partnerschaftlichen Situation auf das Menstruationserleben von Magersüchtigen</u>

Wenn man unterstellt, daß "Menstruation als Schlüssel zum Verständnis für eine gelungene Identifizierung mit den verschiedenen Anteilen weiblicher Rollenaspekte" (MAHR 1985, S. 183) zu sehen ist, kann konsequenterweise die Amenorrhoe, die extremste Form der Zyklusstörung, als ein Ausdruck nicht gelungener Identifizierung mit dieser weiblichen Rolle interpretiert werden.

Im Sinne dieser These ist auch THOMÄs Forderung: "Erst eine Änderung der Einstellung der Kranken, also wenigstens eine partielle Lösung ihrer Konflikte, ermöglicht ein Wiederauftreten der Menses. Hormonbehandlungen sind ergebnislos bzw. überflüssig" (THOMÄ 1961, S. 291).

Mit von den Frauen selbst nicht akzeptierten weiblichen Rol-
lenaspekten werden Frauen in heterosexuellen Beziehungen
zweifellos häufiger konfrontiert. Bei Frauen, die alleine
oder zumindest ohne männlichen Partner leben ist anzunehmen,
daß dies in geringerem Maße zutrifft. Lesbische Frauen entziehen sich dieser permanenten Rollenkonfrontation in gewis-
sem Sinne dadurch, daß sie sich einem gleichgeschlechtlichen
Partner zuwenden.

Wenn man, wie u. a. BRÄUTIGAM und CHRISTIAN (1973), davon
ausgeht, daß ein wichtiger Aspekt für das Entstehen der Magersucht eine gestörte Geschlechtsidentität sei, d. h. eine
Störung des Bildes derjenigen geschlechtsgebundenen Eigenschaften und Rollen, die das Mädchen dem eigenen Gefühl nach
als mit sich selbst übereinstimmend erlebt, ist zu erwarten,
daß sich das Erleben der (gestörten) Geschlechtsidentität
vornehmlich in einer Partnerbeziehung manifestieren wird
(HERTZ/MOLINSKI 1980).

Vor diesem Hintergrund erscheint der erst einmal überra-
schendste Unterschied dieser Arbeit im Vergleich zur Hauptuntersuchung in einem anderen Licht: Die Variable "Partnerschaft" im allgemeinen und "lesbische Partnerschaft" im besonderen hat bei unserer Untersuchungsgruppe magersüchtiger
Mädchen und Frauen einen deutlichen Einfluß auf alle FEM-Faktoren. So zeigt sich beispielsweise, daß sich Frauen in
fester Partnerbeziehung deutlich geringer durch die Menstruation belastet fühlen als Frauen ohne feste Partnerschaft.
(VORSICHT: Menstruationseinstellung (FEM 4) anders als Menstruationsbelastung (FEM 1)! Die unterschiedliche Ladung der
FEM-Faktoren weist auf eine hohe Validität des Berliner Instrumentariums zum Menstruationserleben hin.)
Auch bei der Frage nach Doppelbelastung zeigt sich, daß Frau-
en ohne feste(n) Partner(in) hier überdurchschnittlich vertreten sind.
Besonders erstaunlich ist die Partnerschaftsabhängigkeit des

FEM-Faktor 4. Hier sind völlig konträre Menstruationseinstellungen bei bestehender Partnerschaft zu verzeichnen: positive nur bei Frauen in homosexuellen, negative überwiegend bei Frauen in heterosexuellen Beziehungen. Das Fehlen einer festen Beziehung ist in unserer Stichprobe eher mit einer indifferenten Menstruationseinstellung verknüpft.

Aus unseren Ergebnissen kann geschlossen werden, daß sich magersüchtige Frauen in festen heterosexuellen Partnerschaften mehr als solche ohne männlichen Partner mit ihrer weiblichen Rolle arrangiert haben und infolge dessen auch die Menstruation als Zeichen weiblicher Potenz als weniger belastend erleben. Daß ihre Einstellung zur Menstruation davon unberührt bleibt, mag mit der gängigen Meinung zusammenhängen, daß die Menstruation einfach nicht "salonfähig"/"gesellschaftsfähig" sei (diese Begriffe werden von je einer Frau in den 'Anmerkungen' zum Fragebogen benutzt).
Bei Frauen in lesbischer Beziehung gibt es diese Trennung offensichtlich nicht; sie erleben - möglicherweise aus ähnlichen Gründen - ihre Menstruation deutlich häufiger positiv als dies sowohl die übrigen Frauen dieser Stichprobe als auch die der Hauptuntersuchung tun. Dies wird bei Betrachtung aller FEM-Faktoren immer wieder bestätigt.

Zusammengefaßt sind unsere Ergebnisse ein Hinweis darauf, daß der partnerschaftlichen Situation in Bezug auf die Menstruationsverarbeitung ein hoher Stellenwert einzuräumen ist. Besondere Bedeutung hat die partnerschaftliche Situation für Magersüchtige, deren Konflikt zwischen Verschmelzungsangst und Symbiosewunsch maßgeblich ihren Selbstwert und damit auch die Einstellung zu Funktionen ihres Körpers - wie beispielsweise der Menstruation - prägt.

Die Bedeutung der partnerschaftlichen Situation auf das Erleben der Menstruation wurde von der Projektgruppe zum Menstruationserleben bereits früher erkannt. B. SAWITZKI bereitet derzeit eine Arbeit vor, in der dieser Aspekt besonders beleuchtet wird.

e) <u>Weibliche Homosexualität bei Magersüchtigen und Menstruationserleben</u>

Nach KINSEY (1970) verhalten sich 2 % aller Frauen lebenslänglich homosexuell. Wenn auch seine in den USA gewonnenen Daten nicht ohne weiteres auf andere Länder, Kulturen und gesellschaftliche Strukturen übertragen werden können, so scheinen sie dennoch als Richtwert zulässig. Denn auch EICHNER und HABERMEHL (1980) zeigen in ihrem RALF-Report, "daß der ... Anteil von rund ein Prozent annähernd die derzeitige Häufigkeit des Vorkommens von Homosexualität in der weiblichen Bevölkerung der Bundesrepublik wiedergibt" (EICHNER/HABERMEHL 1980, S. 191). Auch BRÄUTIGAM beziffert die Zahl der Frauen "mit entschieden homosexuellen Neigungen" (1967, S. 118) mit 1 - 2 %, räumt allerdings ein, daß mit einer größeren Zahl unerkannt lebender Frauen mit homosexuellen Neigungen zu rechnen sei. In der Hauptuntersuchung gaben ebenfalls nur 2,3 % aller Befragten an, lesbisch zu sein (MAHR 1985).

Wenn wir bei der Interpretation unserer Daten berücksichtigen, daß bei den lesbischen Frauen unserer Stichprobe durchaus noch keine endgültige Festlegung der sexuellen Neigungen stattgefunden haben muß, und ferner einkalkulieren, daß in einer Großstadt wie Berlin mit einem höheren Anteil an weiblichen Homosexuellen zu rechnen ist, so bleibt doch bemerkenswert, daß ein Anteil lesbischer Frauen (in fester Partnerschaft) von 20 % und von Frauen mit lesbischer Erfahrung von ca. 30 % in unserer Stichprobe auffällig hoch ist.

HERTZ und MOLINSKI (1980) werfen die Frage auf, wieso das Individuum trotz einer ursprünglich bisexuellen Ausrichtung

normalerweise heterosexuell wird, und führen als Erklärung
aus, "daß Erziehung, Tabuisierung und Identifikation dazu
führen, daß im Laufe der Entwicklung die homosexuelle Komponente weitgehend zurücktritt, beim Mann mehr als bei der
Frau" (HERTZ/MOLINSKI 1980, S. 67). Es gibt keine einheitli-
che Erklärung dafür, warum in bestimmten Fällen die homosexuelle Komponente mehr oder weniger weitgehend erhalten bleiben
kann. HERTZ und MOLINSKI meinen, daß infolge Verwöhnung oder
Frustrierung das Kind in der Lustgewinnung auf den gleichgeschlechtlichen Elternteil fixiert bleiben kann. "Dies trifft
insbesondere für einen großen Teil der weiblichen Homosexualität zu: Diese Frauen können die Mutter bzw. Mutter-Nachfol-
gefiguren nicht aufgeben; sie bleiben zeitlebens auf den ora-
len Erlebensbereich fixiert" (HERTZ/MOLINSKI 1980, S. 68).

Eine Regression auf die orale Phase wird auch im psycho-ana-
lytischen Erklärungsansatz zur Magersucht beschrieben (vgl.
Kap. I. 2.2.1), so daß der Zusammenhang zwischen Magersucht
und weiblicher Homosexualität evtl. in der gleichen Entwick-
lungsphase begründet liegt.

In diesem Sinne meint auch SELVINI PALAZZOLI, "daß Magersucht mit einer 'ambivalenten homosexuellen Abhängigkeit von
der Mutter' verbunden ist. Wenn das zuträfe, könnten wir erwarten, daß eine große Zahl Magersüchtiger homosexuell ist
oder nach ihrer Genesung aktiv homosexuell wird" (MacLEOD
1983, S. 199). MacLEOD betont die besondere Bedeutung einer
Zweierbeziehung für die Anorektikerin und wertet die Tatsache, daß der eine bedeutsame und notwendige Mensch im Leben
der Magersüchtigen Mutterersatz bleibt, als Entwicklungsde-
fizit.

Ein anderer möglicher Erklärungsansatz könnte auf unsere
Darlegungen in Kap. I. 2.2.3 aufbauen. Dann wäre die Hinwendung der Magersüchtigen zum weiblichen Partner als eman-
zipatorische Bewältigungsstrategie zu deuten, als Flucht vor

bzw. Entscheidung gegen ein patriarchal definiertes Bild der
Weiblichkeit; denn der patriarchal-definierte Symbol- und
Funktionsgehalt des Körpers verliert in der gleichgeschlecht-
lichen (Liebes-)Beziehung an Bedeutung und Relevanz.
Die Beziehungserfahrung zu einer Frau eröffnet der Mager-
süchtigen "- trotz aller Verstrickungen - eine neue, andere
Sichtweise ihres eigenen Körpers ... (und, Anm. d. Verf.)
ermöglicht ihr die Entwicklung hin zu einer Aussöhnung ...."
(GAST 1986, S. 157).

**Über die (Liebes-)Beziehung zu einer anderen
Frau erfährt die Magersüchtige eine Annähe-
rung an ihren eigenen Körper und dessen Funktionen. Dies kann als Erklärung für die überwiegend positivere Menstruationsverarbeitung
der lesbischen Magersüchtigen im Vergleich zu
heterosexuellen Magersüchtigen gewertet werden.**

Hier wäre es interessant zu erfahren, ob vielleicht lesbische
Frauen generell im Vergleich zu heterosexuellen Frauen eine
positivere Einstellung zu ihrer Menstruation haben. MAHR
(1985) konnte dies anhand ihres geringen Anteils von lesbischen Frauen an der Gesamtstichprobe nicht nachweisen.

f) Magersüchtige in 'Helferberufen' und Menstruationserleben

Ein ebenfalls auffälliges Ergebnis unserer Untersuchung
scheint uns der hohe Anteil an "Helferberufen" oder Sozial-
und Erziehungsberufen bei den Nennungen zur "Berufsausbildung" zu sein, die in Kapitel III. 1.5.2 beschrieben ist.
Zwar zeigen diese Frauen keine Unterschiede beim Vergleich
der FEM-Faktoren; dennoch soll diese Auffälligkeit etwas
näher betrachtet werden:
Mehr als die Hälfte der befragten Magersüchtigen geben Berufe
an wie: Lehrer, Erzieher, Krankenschwester, Arzt- und Apothe-

kenhelferin, Krankengymnastin und Ärztin. Nur auf die Altersklassen 21 - 40 Jahre bezogen (die Mädchen und Frauen, die
noch in Ausbildung sind, ausgenommen), haben sogar 2 von 3
Frauen einen solchen Beruf erlernt.

Zieht man zum Vergleich die in diesen Berufen erwerbstätigen
Frauen in Berlin heran, so zeigt sich, daß sich in der genannten Berufsgruppe nur ca. 36,5 % befinden (Daten nach Angabe von Herrn Schicketanz vom Stat. Landesamt Berlin, auf
der Basis von 1985 im März 1988 ermittelt).

ALIABADI und DAUB haben bei Frauen, die wegen Eßstörungen zur
Therapie in ihre Praxis kamen, ähnliche Beobachtungen gemacht
(ALIABADI/DAUB 1984).

Es stellt sich deshalb die Frage nach dem Zusammenhang zwischen Eßstörung im allgemeinen bzw. Magersucht im besonderen
und der Wahl eines "Helferberufes".

Folgende Vorteile könnten dazu beitragen, die genannten
Berufe für die (ehemals) Magersüchtige in besonderem Maße
attraktiv zu machen:

- die Möglichkeit, sich mittels des gewählten
  Berufes anderen Menschen zuwenden zu können,
  ohne daß damit bedrohlich enge Beziehungen
  verbunden sind;
- der Helferberuf stellt meist eine hierarchi-
  sche Struktur dar, innerhalb derer die Position der Magersüchtigen/des Berufstätigen
  klar definiert ist;
- er gewährt neben einer gewissen Unabhängig-
  keit dennoch Abhängigkeit von der beschäfti-
  genden Institution und von berufsspezifischen
  Regeln;

Die Magersüchtige kann in den Helferberufen ihre ambivalente
Haltung ihren Mitmenschen gegenüber beibehalten; sie kann gewissermaßen in den definierten Grenzen einer Pseudofamilie
arbeiten, ohne in die intensiven persönlichen Konflikte - die
ihre eigene Familienerfahrung ausmachten - verstrickt zu
werden.

**Durch die Wahl eines 'Helferberufes' besteht also
für die Magersüchtige die Möglichkeit, sich anderen Menschen zuzuwenden, ohne die Gefahr bedrohlich enger Beziehungen eingehen zu müssen.**

In diesem Sinne argumentiert auch MacLEOD (1983) in ihrem
autobiographischen Bericht über die Magersucht.

LITERATURVERZEICHNIS

AKERLUND, M.: Pathophysiology of dysmenorrhea. Acta
    Obstet. Gynecol. Scand. 87 (1979), 27 - 32

ALEXANDER, F.: Psychosomatische Medizin, 2. Aufl.,
    Berlin 1971

ALIABADI, C.; DAUB, M.: Eßstörungen, in: Durch Dick
    und Dünn, EMMA-Sonderband 4 (1984/1985), Köln 1984

ALIABADI, C.; LEHNIG, W.: Wenn Essen zur Sucht wird -
    Ursache, Erscheinungsformen und Therapie von Eß-
    störungen, München 1982

BASS, F: L'Amenorrhoe au camp de concentration Térézin,
    Gynaecologica 123 (1947)

BAYER, W. von: Zur Bedeutung Soziopathologischer Fakto-
    ren im Krankheitsbild der Anorexia nervosa, in:
    MEYER/FELDMANN: Anorexia nervosa, Stuttgart 1965

BENEDEK, Th.; RUBENSTEIN, R. B.: The Correlation between
    Ovarian Activity and Psychodynamic Process,
    Washington D.C. 1942

BERGLER, R.: Psychohygiene der Menstruation, Bern/Stutt-
    gart/Wien 1984

BEUMONT, P. J. V.; ABRAHAM, S. F.; ARGALL, W. J.; SIMSON,
    K. G.: A prospective study of premenstrual tension
    symptoms in healthy young Australians, Aust. NZ
    J. Psychiatr. 12 (1978), 241 - 244

BLOOM, L. J.; SHELTON, J. L.; MICHAELS, A. C.:
    Dysmenorrhea and personality, J. Pers. Assess.
    42 (1978), 272 - 276

BRÄUTIGAM, W.; CHRISTIAN, P.: Psychosomatische Medizin,
    Stuttgart 1973

BRIFFAULT, R.: The Mothers, Bd. II, London/New York 1969

BRUCH, H.: Effectiveness in psychotherapy of the con-
    structive use of ignorance, in: Psychiatr.
    Quart. 37 (1963), 322 ff.

BRUCH, H.: The significant difference: discordant in-
    cidence of anorexia nervosa in monozygotic twins,
    in: Am. J. Psychiatry 126 (1969 b), 85 ff.

BRUCH, H.: Eating Disorders, New York 1973

BRUCH, H.: Der goldene Käfig - Das Rätsel der Magersucht, Frankfurt/M. 1987

CLARKE, A. E.; RUBLE, D. N.: Young adeolescents' beliefs concerning menstruation, Child Dev. 49 (1978), 231 - 234

CLAUSER, G.: Das Anorexia nervosa Problem unter besonderer Berücksichtigung der Pubertätsmagersucht und ihrer klinischen Bedeutung, in: Med. Kinderheilkunde 21 (1964), 97 - 164

COCHRAN, W. G.: Some methods for strengthening the common chi-quadrat-test, Biometrics 10 (1954), 117 - 151

CUTLER, W. B.; GARCIA, C. R.; KRIEGER, A. M.: Sexual behavior and a menstrual cycle length in mature premenopausal women, Psychoneuroendocrinology 4 (1979), 297 - 309

CUTLER, W. B.; GARCIA, C. R.; KRIEGER, A. M.: Sporadic sexual behavior and menstrual cycle length in woman, Horm. Behav. 14 (1981), 163 - 172

DALLY, P.: Anorexia Nervosa, London 1969

DALLY, P.; Gomez, J.: Anorexia Nervosa, London 1979

DIEDERICHS, P.: Zur Psychosomatik der sekundären Amenorrhoe. Ein empirischer Beitrag zur Psychosomatik der Gynäkologie, Inaug.-Diss., Berlin 1976

DÜHRSSEN, A.: Neurotische Persönlichkeitszüge bei Kindern und Jugendlichen mit anorektischen oder hyperphagen Reaktionen, in: MEYER/FELDMANN: Anorexia nervosa, Stuttgart 1965

EBERT, Ch.; BELLER, F. K.: Tamponhygiene. Menstruationsprofile und Hygieneverhalten von Frauen im nordwestdeutschen Raum, Sexualmedizin 12 (1982), 571 - 573

EICHNER, K.; HABERMEHL, W.: Der RALF-Report. Das Sexualverhalten der Deutschen, München/Zürich 1980

ELERT, R.: Zur Genese der Notstandsamenorrhoe, Geburtshilfe Frauenheilkd. 12 (1952), 193

FEY, M.; HAUSER, G. A.: Die Postpubertätsmagersucht -
Neurovegetative, endokrine und psychosomatische
Aspekte. Vergleich mit der exogenen Unterernäh-
rung, Bern/Stuttgart/Wien 1970

FRANK, H.: Ein Beitrag zur Rolle des Vaters bei psychosomatischen Erkrankungen im Kindesalter, in:
Prax. Psychother. Psychosom. 33 (1988) 242 - 248

FRANZES, R.: Menarcheverarbeitung und Menstruationseinstellung bei weiblichen Jugendlichen, Diss. Berlin 1986

FRICK, V.; LÜBKE, R.; SOMMER, K.; SCHINDLER, A. E.;
KELLER, E.; GÖSER, R.: Die sekundäre Amenorrhoe
in: PRILL, H. J. und LANGEN, D. (Hrsg.): Der
psychosomatische Weg zur gynäkologischen Praxis,
Stuttgart/New York 1983, 178 - 185

FRIEDMANN, J.; MEGRES, R. A.: The Menstrual Cycle and
Habituation, Psychosom. Med. 41 (1980), 369 - 381

FRIES, H.: Secondary Amenorrhoe. Self-induced weight
Reduction and Anorexia Nervosa, Acta Psych.
Scand. 248 (1974)

GARNER, D. M. & GARFINKEL, P. E.: Socio-cultural factors
in the development of anorexia nervosa, Psychol.
Med. 10 (1980), 647 - 656

GAST, L.: Magersucht. Der Gang durch den Spiegel. Zur
Dialektik der individuellen Magersuchtentwicklung und patriarchal-gesellschaftlicher Struktur-
zusammenhänge, Pfaffenweiler 1986

HABERMAS, T.: Aspekte der sozialkognitiven Entwicklung
junger pubertätsmagersüchtiger Mädchen - eine
theoretische Analyse und illustrative Untersuchung,
Dipl.-Arbeit, Heidelberg 1984

HALMI, K. A.: Anorexia nervosa: Demographical and
Clinical Features in 94 Cases, Psychosom.
Med. 36 (1974), 18 - 25

HALMI, K. A.; GOLDBERG, S.; CUNNINGHAM, S.: Perceptual
distortion of body image in adolescent girls :
distortion of body image in adolescence, Psycho-
log. Med. 7 (1977), 153 - 257

HERTZ, D. G.; MOLINSKI, H.: Psychosomatik der Frau,
Berlin 1980

IRIGARAY, L.: Waren, Körper, Sprache. Der verrückte
Diskurs der Frauen, Berlin/Merve 1976

IRIGARAY, L.: Das Geschlecht, das nicht eins ist,
Berlin/Merve 1979

JANSSEN-JURREIT, M.-L.: Sexismus, München 1976

KALUCY, R. S.; CRISP, A. H.; HARDING, B.: A study of
56 families with anorexia nervosa, Br. J. Med.
Psych. 50 (1977), 381 - 395

KALUCY, R. S.; CRISP, A. H.; LACEY, J. H. & HARDING, B.:
Prevalence and prognosis in anorexia nervosa,
Aust. NZ J. Psychiatr. 11 (1977), 251 - 257

KEPP, R.; STAEMMLER, H.-J.: Lehrbuch der Gynäkologie,
Stuttgart 1982

KERN, G.: Gynäkologie, 3. Aufl., Stuttgart 1977

KINSEY; A.: Das sexuelle Verhalten der Frau, Frank-
furt/M. 1970

KNÖRR, K.; KNÖRR-GÄRTNER, H.; BELLER, F. K.; LAURITZEN,
C. (Hrsg.): Lehrbuch der Gynäkologie und Geburtshilfe, 2. Aufl., Berlin 1982

KÖHLER, H.: Die stille Sehnsucht nach Heimkehr - Zum
menschenkundlichen Verständnis der Pubertätsmagersucht, Stuttgart 1987

KOMNENICH, P.; McSWEENEY, M.; NOACK, J. A.; ELDER,
S. N. (Hrsg.): The menstrual cycle, Vol. 2,
New York 1981

KOPP, C. B.: Becoming Female, New York 1979

LADISCH, W.: Prämenstruelle psychische Störungen und
ihre mögliche Ätiologie, Nervenarzt 1984, 342 -
348

LOCKOT, R.; ROSEMEIER, H. P. (Hrsg.): Ärztliches Handeln und Intimität, Stuttgart 1983

MacLEOD, S.: Hungern, meine einzige Waffe, London 1983

MAHR, E.: Menstruation - Ein Intimbereich der Frau,
in: LOCKOT R.; ROSEMEIER, H. P. (Hrsg.): Ärztliches Handeln und Intimität, Stuttgart 1983,
113 - 118

MAHR, E.: Menstruationserleben. Eine medizinpsychologische Untersuchung, Weinheim/Basel 1985

MEERMANN, R.; VANDEREYCKEN, W.: Therapie der Magersucht und Bulimia nervosa, Berlin/New York 1987

MESTER, H.: Die Anorexia nervosa, Monographien aus dem Gesamtgebiet der Psychiatrie, Bd. 26, Berlin/ Heidelberg/New York 1981

MINUCHIN, S.; ROSMAN, J. W.; BAKER, L.: Pychosomatic Families: Anorexia Nervosa in Context, Harvard 1978

ORBACH, S.: Antidiätbuch. Über die Psychologie der Dickleibigkeit - die Ursachen von Eßsucht, München 1979

PETZOLD, E.: Familienkonfrontationstherapie bei Anorexia nervosa, Göttingen 1979

PIRKE, K. M.; VANDEREYCKEN, W.; OLOOG, D. (Hrsg.): The Psychobiology of bulimia nervosa, Berlin/Heidelberg 1988

PRILL, H.J.; Langen, D.: Der psychosomatische Weg zur gynäkologischen Praxis, Stuttgart/New York 1978

PÜSCHEL, E.: Die Menstruation und ihre Tabus, Stuttgart/New York 1988

RIERDAN, J.; KOFF, E.: The psychological impact of menarche: integrative versus disruptive changes, J. Youth Adolesc. 9 (1980), 49 - 58

ROSEMEIER, H. P. (Hrsg.): Medizinische Pschologie, 2. Aufl., Stuttgart 1978

ROSEMEIER, H. P.; MAHR, E.; SAUPE, R.; SAWITZKY, B.: Berliner Untersuchungen zum Menstruationserleben, in: TEWES, U. (Hrsg.): Angewandte Medizinpsychologie, Frankfurt/M. 1984

ROSENKÖTTER, L.; De BOOR, C.; ERDELY, Z.; MATTHES, J.: Psychoanalytische Untersuchungen von Patientinnen mit funktioneller Amenorrhoe, Psche 22 (1968)

ROSENWAKS, Z.; BENJAMIN, F.; STONE, M. L.: Gynecology: principles and practice, New York/London 1987

SAUPE, R.: Berliner Fragebogen zum Menstruationserleben (FEM). Entwicklung und erste Anwendung, Bern/Stuttgart 1987

SAWITZKI, B.: Medizinpschologische Untersuchung zur
individuellen und partnerschaftlichen Verarbeitung des Menstruationserlebens: Faktoren des
Menstruationserlebens in ihrer Wechselwirkung mit
Persönlichkeitszügen, Partnersituation und Sexualität sowie der Biographie (Arbeitstitel), in Vorbe-
reitung

SAWITZKY, B.; MAHR, E.: Sexualität und Menstruation,
in: Weibliche Fruchtbarkeit. Psychosozial.
21 (1984), 84 - 98

SCHADEWALD, H.: Medizingeschichtliche Betrachtungen zum
Anorexie-Problem, in: MEYER/FELDMANN: Anorexia Nervosa, Stuttgart 1965

SCHLEHE, J.: Das Blut der fremden Frauen. Menstruation
in der anderen und in der eigenen Kultur, Frank-
furt/New York 1987

SCHNEIDER-DUKER, M.: Psychische Leistungsfähigkeit und
Ovarialzyklus, Frankfurt 1973

SCHREINER, W. E.: Ovar. in: LABHART, A. (Hrsg.): Klinik
der inneren Sekretion, Berlin/Heidelberg/New York 1971

SCHRÖTER, M.: Das diskrete Tabu. Vom Umgang mit der
Menstruation, Ravensburg 1985

SCHÜTZE, G.: Anorexia Nervosa, Bern 1980

SCHULZ, K.-D.: Neurokrine Regulation der Ovarialfunk-
tion und Biosynthese der Ovarialsteroide, in:
KAISER; R.; SCHUMACHER, G. F. B.: Menschliche
Fortpflanzung, Stuttgart 1981, 19 - 27

SELVINI PALAZZOLI, M.: The meaning of the body for
anorexic patients, Selected lectures 98,
New York/Basel 1965

SELVINI PALLAZOLI, M.: Self Starvation. From the Intra-
psychic to the Transpersonal Approach to Anorexia
Nervosa, London 1974

SELVINI PALAZZOLI, M.: Magersucht. Von der Behandlung
einzelner zur Familientherapie, 3. Aufl., Stuttgart 1986

SHUTTLE, P.; REDGROVE, P.: Die weise Wunde Menstruation,
2. Aufl., Frankfurt/M. 1983

SIEGEL, S.: Nichtparametrische Statistische Methoden,
Frankfurt a. Main 1976

126

SLADE, P.; JENNER, J. A.: Attitudes to Female Roles.
Aspects of Menstruation and Complaining of
Menstrual Symptoms, Br. J. Soc. Psychol. 19 (1980),
109 - 113

SPERLING, E.: Die Magersuchtfamilie und ihre Behandlung, in MEYER/FELDMANN: Anorexia Nervosa,
Stuttgart 1965

SPRINGER-KREMSER, M.: Psychosexualität und Gynäkologie,
Wien 1983

STEINER, M.; CARROL, B. J.: The psychobiology of pre-
menstrual dysphoria: review of theories and
treatments, Psychoneuroendocrinology 2 (1977),
321 - 335

STEINHAUSEN, H.-C.: Anorexia nervosa - eine aktuelle
Literaturübersicht. Teil 1: Diagnostische Aspekte. Z. Kinder Jugendpsychiatr. 7 (1979), 145 - 160

STEINHAUSEN, H.-C.: Anorexia nervosa - eine aktuelle
Literaturübersicht. Teil 2: Therapie und Verlauf.
Z. Kinder Jugendpsychiatr. 7 (1979), 249 - 271

STRAUSS, B.: Psychoendokrinologische Aspekte des Men-
struationszyklus. Eine Befragung von Ärzten,
Geburtshilfe Frauenheilkd. 7 (1983), 707 - 711

TAUBERT, H.-D.: Die geschlechtsspezifische Entwicklung der Frau und ihre Störungen, in: SCHMIDT-
MATTHIESEN, H. (Hrsg.): Gynäkologie und Geburtshilfe, 5. Aufl., Stuttgart 1982, 3 - 82

THEANDER, S.: Anorexia nervosa. A Psychiatric In-
vestigation of 94 Female Patients, Acta Psych.
Scand. 214 (1970)

THOMÄ, H.: Anorexia nervosa. Geschichte, Klinik und Theorien
der Pubertätsmagersucht, Stuttgart 1961

THOMÄ, H.: Psychosomatische Aspekte der Magersucht, in:
Psyche 10 (1963)

WEBSTER, S. K.: Problems for diagnosis of spasmodic and
congestive dysmenorrhea, in: DAN. A. J.; GRAHAM,
E. A.; BEECHER, C. P. (Hrsg.): The menstrual cycle,
Vol. 1, New York 1980, 292 - 304

WINNICOTT, D. W.: Reifungsprozesse und fördernde Umwelt,
München 1974

ZANDER, J.; HOLZMANN, K.: Der menstruelle Zyklus, in:
    KÄSER, O.; FRIEDBERG, V.; OBER, K. G.; THOMSEN,
    K.; ZANDER, J. (Hrsg.): Gynäkologie und Geburts-
    hilfe, Stuttgart 1969, 250 - 314

ZIOLKO, H.: Hyperphagie und Anorexie. Der Nervenarzt,
    37. Jg., 9 (1966)

ANHANG

Verzeichnis der Tabellen

Verzeichnis der Abbildungen

FREIE UNIVERSITÄT BERLIN

Fachbereich
Medizinische Grundlagenfächer (FB 1)
Institut für Medizinische Psychologie (WE 09)

Habelschwerdter Allee 45
1000 Berlin 33

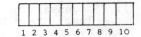

Projektgruppe Menstruationserleben

E. Mahr

B. Sawitzki

H.P. Rosemeier

R. Saupe

L. Voss

UNTERSUCHUNG ZUM MENSTRUATIONSERLEBEN

- 1 -

WIE ERLEBEN FRAUEN IHRE MENSTRUATION?

Alle Frauen erleben einmal im Monat eine Veränderung an ihrem Körper. Es ist wenig darüber bekannt, wie Frauen ihre Menstruation erleben, wie sie sich im Zusammenhang mit ihrer Menstruation verhalten und welche Unterschiede es zwischen verschiedenen Frauen gibt. Es ist dabei sicherlich auch von Bedeutung, in welchen Lebenssituationen in den Bereichen Beruf, Familie, Partnerschaft und Gesundheit sich die einzelnen Frauen befinden.

Letzteres interessiert uns besonders im Zusammenhang mit extremen Gewichtsverlusten, bei denen die Menstruation (vorübergehend) ausbleibt. Trotzdem oder gerade deshalb möchten wir gerne wissen, wie diese Frauen und Mädchen ihre Menstruation zuvor erlebt haben oder auch jetzt wieder erleben.

Da mit diesem Fragebogen Frauen aller Altersstufen befragt werden sollen, also auch sehr junge Mädchen, ergibt sich das Problem, daß diese manche Fragen in der vorliegenden Form (speziell Partnerschaft und Familie, evtl. auch Beruf betreffend) nicht beantworten können. Sie werden deshalb gebeten zu versuchen, sich die entsprechende Situation vorzustellen, und die Frage nach ihrer derzeitigen Vorstellung zu beantworten.

Es ist möglich, daß Sie sich bei der Beantwortung mancher Fragen nicht eindeutig entscheiden können; bitte kreuzen Sie dann das an, w a s a m e h e s t e n f ü r S i e z u t r i f f t .

Manche Fragen sind sich auch auf den ersten Blick sehr ähnlich; deshalb könnte für Sie der Eindruck entstehen, daß wir kontrollieren wollen, ob Sie diese Fragen immer im gleichen Sinne beantworten. Es handelt sich dabei aber nicht um Kontrollfragen, sondern die Aussagen beziehen sich dann auf unterschiedliche Zeiträume oder unterschiedliche Ausmaße, z. B. im Auftreten von Beschwerden.

Wir bitten Sie, a l l e F r a g e n z u b e a n t w o r t e n , auch wenn Sie Ihnen zum Teil sehr intim erscheinen.
D e r F r a g e b o g e n i s t a n o n y m ; bitte geben Sie Ihren Namen nicht an.

Um die Auswertung zu erleichtern, läßt der Fragebogen stets nur vorgegebene Antworten zu. Wir geben Ihnen aber an einer Stelle des Fragebogens Gelegenheit, ausführlicher Ergänzungen vorzunehmen oder Ihre Kritik zu äußern. Wir freuen uns, solche Anregungen und Informationen von Ihnen zu erhalten.

Es geht uns darum herauszufinden, wie Frauen, die sich mit dem Problem des extremen Gewichtsverlustes auseinandersetzen müssen/mußten, ihre Menstruation erleben und wir danken Ihnen, wenn Sie uns dabei helfen.

Wie erleben Sie Ihre Menstruation?   FEM

(Zutreffendes bitte ankreuzen)

	stimmt	stimmt nicht		
Einige Tage vor Beginn meiner Blutung ... fühlt sich mein Bauch aufgedunsen an	☐	☐	(2-1)	11
Am ersten Tag meiner Blutung stellen sich Unterleibskrämpfe ein	☐	☐	(2-1)	12
Als ich meine erste Menstruation hatte,.. fühlte ich mich erwachsen	☐	☐	(2-1)	13
Meine Regelblutung bedeutet für mich eine angenehme Erneuerung	☐	☐	(2-1)	14
Zur Zeit meiner Menstruation betreibe ich weniger Sport	☐	☐	(2-1)	15
Während meiner Periode fühle ich mich wohler, wenn ich von meinem Partner besondere Zuwendung bekomme	☐	☐	(2-1)	16
An den Tagen meiner Blutung fühle ich ... mich körperlich cut	☐	☐	(2-1)	17
Wenn ich meine Tage habe, bin ich körperlich weniger belastbar als sonst	☐	☐	(2-1)	18
Ich fühle mich während meiner Regelblu-. tung sexuell sehr anregbar	☐	☐	(2-1)	19
Als meine erste Menstruation auftrat, ... wußte ich Bescheid	☐	☐	(2-1)	20
Wenn ich meine Tage habe, wünsche ich mir öfters die Nähe meines Partners	☐	☐	(2-1)	21
Wenn meine monatliche Blutung ausbleibt, werde ich sehr nervös, weil ich eine .... Schwangerschaft befürchte	☐	☐	(2-1)	22
Mit dem Beginn meiner Periode stellen ... sich an- und abschwellende Schmerzen ein	☐	☐	(2-1)	23
Ich freue mich auf die Zeit, wo ich meine Regel nicht mehr bekomme	☐	☐	(2-1)	24
Etwa am ersten Tag meiner Blutung habe .. ich Lust dazu, mit einer Wärmflasche zusammengerollt im Bett zu liegen oder ein heißes Bad zu nehmen	☐	☐	(2-1)	25

	stimmt	stimmt nicht		
Ich war sehr erschreckt, als ich meine erste Menstruationsblutung bekam	☐	☐	(2-1)	26
Vor Einsetzen der Menses fühle ich mich eher depressiv	☐	☐	(2-1)	27
Die Wechseljahre bedeuten für mich einen Verlust an Weiblichkeit	☐	☐	(2-1)	28
Bevor ich meine Tage bekomme, bin ich .. manchmal leicht gereizt	☐	☐	(2-1)	29
Während meiner Regelblutung schlafe ich nicht mit meinem Partner, weil ihm das unangenehm ist	☐	☐	(2-1)	30
Als ich zum erstenmal meine Tage bekam, war ich ganz stolz	☐	☐	(2-1)	31
Einige Tage vor meiner Periode fühle ich mich gereizt, leicht erregbar oder unru-hig	☐	☐	(2-1)	32
Während ich meine Menstruation habe, ... schlafe ich genauso gern mit meinem .... Partner wie sonst	☐	☐	(2-1)	33
Ich habe mich gefreut, als ich zum er- . stenmal meine Blutung hatte	☐	☐	(2-1)	34
Mehrere Tage vor Einsetzen meiner Men- . struation fühle ich mich erschöpft, trä-ge oder müde	☐	☐	(2-1)	35
Wenn ich meine Tage habe, bin ich weni-ger unternehmungslustig	☐	☐	(2-1)	36
Wenn ich meine Periode habe, bin ich bei meiner Arbeit im Beruf weniger leistungs-fähig	☐	☐	(2-1)	37
Meine Menstruation ist für mich etwas .. Lästiges	☐	☐	(2-1)	38
Während meiner Monatsblutung fühle ich mich eher depressiv	☐	☐	(2-1)	39

	stimmt	stimmt nicht		
Ich schlafe nicht mit meinem Partner, .. wenn ich meine Tage habe	☐	☐	(2-1)	40
Als ich zum erstenmal meine Tage kriegte, fand ich das unangenehm	☐	☐	(2-1)	41
Wenn ich meine Tage habe, fühle ich mich durch die Hausarbeit stärker belastet .. als sonst	☐	☐	(2-1)	42
Wenn ich meine Tage nicht kriege, denke ich mir erstmal nichts dabei	☐	☐	(2-1)	43
Während meiner Blutung ist mein Körper angenehm entspannt	☐	☐	(2-1)	44
Ich erlebe meine Menstruation als eine körperliche Belastung	☐	☐	(2-1)	45
Bevor meine Regel einsetzt, bin ich abgespannt oder nervös	☐	☐	(2-1)	46
Ich fühle mich bei meiner Periode am ... wohlsten, wenn ich mich genauso verhalte wie sonst auch	☐	☐	(2-1)	47
An den Tagen meiner Blutung ist mein Körper erschöpft	☐	☐	(2-1)	48
Es geht mir bei meiner Mensis besser,... wenn ich die Möglichkeit habe, etwas ... kürzer zu treten	☐	☐	(2-1)	49
Ich erlebe meine Regelblutung als Zeichen meiner Weiblichkeit	☐	☐	(2-1)	50

Um die Bedeutung, welche die Menstruation für Sie hat, besser zu verstehen, halten wir frühere Erfahrung für wichtig

BIO

	trifft gar nicht zu	trifft wenig zu	trifft teilweise zu	trifft überwiegend zu	trifft völlig zu		
Eigentlich habe ich von der Menstruation meiner Mutter erst sehr spät etwas mitbekommen	gar nicht ☐	wenig ☐	teilweise ☐	überwiegend ☐	völlig ☐	(1-5)	51
Als Kind habe ich am liebsten mit Jungen gespielt	gar nicht ☐	wenig ☐	teilweise ☐	überwiegend ☐	völlig ☐	(1-5)	52
Daß meine Mutter ihre Tage hatte, war ein Thema, das bei uns in Schweigen gehüllt wurde	gar nicht ☐	wenig ☐	teilseise ☐	überwiegend ☐	völlig ☐	(1-5)	53
Daß ich ein Mädchen war, hat mir in meiner Familie vieles leichter gemacht	gar nicht ☐	wenig ☐	teilweise ☐	überwiegend ☐	völlig ☐	(1-5)	54
Als Kind fand ich es schlimm, daß ich mich heimlich über die Menstruation informieren mußte	gar nicht ☐	wenig ☐	teilweise ☐	überwiegend ☐	völlig ☐	(1-5)	55
Meine ersten gynäkologischen Erinnerungen stellten für mich kein Problem dar	gar nicht ☐	wenig ☐	teilweise ☐	überwiegend ☐	völlig ☐	(1-5)	56
Als ich damals mitbekam, daß Frauen manchmal bluten, hat mich das eher abgestoßen	gar nicht ☐	wenig ☐	teilweise ☐	überwiegend ☐	völlig ☐	(1-5)	57
Meine Eltern haben sich bei meiner Geburt lieber einen Jungen gewunscht	gar nicht ☐	wenig ☐	teilweise ☐	überwiegend ☐	völlig ☐	(1-5)	58
Als mir zum ersten Mal klarwurde, daß mein Kind durch meine Scheide muß, war ich entsetzt	gar nicht ☐	wenig ☐	teilweise ☐	überwiegend ☐	völlig ☐	(1-5)	59
Mein Vater hatte sicher mehr mit mir anfangen können, wenn ich ein Junge gewesen wäre	gar nicht ☐	wenig ☐	teilweise ☐	überwiegend ☐	völlig ☐	(1-5)	60
Ich habe in einer Situation schon einmal die Angst kennengelernt, vergewaltigt zu werden	gar nicht ☐	wenig ☐	teilweise ☐	überwiegend ☐	völlig ☐	(1-5)	61
Meine Unterleibskrankheiten waren mir immer unangenehmer als andere Erkrankungen	gar nicht ☐	wenig ☐	teilweise ☐	überwiegend ☐	völlig ☐	(1-5)	62
Nur weil ich ein Mädchen war, wurden mir viele Sachen verboten, die ich gern gemacht hätte	gar nicht ☐	wenig ☐	teilweise ☐	überwiegend ☐	völlig ☐	(1-5)	63

	trifft gar nicht zu	trifft wenig zu	trifft teilweise	trifft überwiegend	trifft völlig zu		
Meine Entjungferung habe ich rasch verschmerzt	gar nicht ☐	wenig ☐	teilweise ☐	überwiegend ☐	völlig ☐	(1-5)	64
Nach meinen Erfahrungen habe ich keine Angst, nachts allein auf die Straße zu gehen	gar nicht ☐	wenig ☐	teilweise ☐	überwiegend ☐	völlig ☐	(1-5)	65
Gynäkologische Untersuchungen sind mir immer wieder unangenehm	gar nicht ☐	wenig ☐	teilweise ☐	überwiegend ☐	völlig ☐	(1-5)	66

Nachdem Sie bis hierher durchgehalten haben, bitten wir Sie, noch
einige ergänzende Angaben zu machen.
Bitte beantworten Sie auch diese Fragen vollständig!

10. Mein Alter zum Zeitpunkt meiner ersten
    Menstruation .... ☐☐   ( )   67-68
    (Tragen Sie bitte Ihr Alter in Jahren ein)   Jahre

11. Meine erste Menstruation war schmerzhaft.
    (Zutreffendes bitte ankreuzen)
                     stimmt .... ☐   2   `69
                     stimmt nicht .... ☐   1

12. Mit den folgenden Fragen möchten wir Ihren
    Menstruationsrhythmus nach Ihrer 1. Menstru-
    ation kennenlernen.
    Meine Menstruation trat auf:
    (Zutreffendes bitte ankreuzen)
              - regelmäßig alle 28 Tage.. ☐   1
                (mit Schwankungen um
                wenige Tage)
              - regelmäßig, aber kürzer
                als 28 Tage .... ☐   2
              - regelmäßig, aber länger
                als 28 Tage .... ☐   3   70
              - alle 28 Tage (mit Schwan-
                kungen ± 1 Woche) ☐   4
              - alle 28 Tage (mit Schwan-
                kungen ± 2 Wochen) ☐   5
              - 3 bis 7 mal im Jahr ....☐   6
              - weniger als 3 mal im Jahr ☐   7

    Gewöhnlich hatte ich:
    (Zutreffendes bitte ankreuzen)
              - eine leichte Blutung .... ☐   1
              - eine normale Blutung .... ☐   2   71
              - eine starke Blugung ..... ☐   3

An dieser Stelle bitten wir Sie, uns noch einige Fragen zu beantworten, die sich speziell auf das Problem Magersucht beziehen:

13. Was war aus Ihrer Sicht <u>entscheidend</u> für Ihren Gewichtsverlust?
(Bitte eine, höchstens zwei Möglichkeiten ankreuzen)

- ich habe sehr viel gegessen
und dann wieder erbrochen .. ☐ 1

- ich habe normal gegessen
und häufig erbrochen .... ☐ 2
                                       72-73

- ich habe weniger als vorher
gegessen .... ☐ 3

- ich habe mehr Abführmittel
genommen als die Menschen in
meiner Umgebung .... ☐ 4

Jetzt wenden wir uns der Zeit zu, in der Sie Ihre Gewichtsverluste hatten:

14. Welches war Ihr bisher <u>höchstes Gewicht?</u> .... ( ) 74-75
(Angabe bitte in kg)

Wann hatten Sie dieses Gewicht? .... ( ) 76-78
                        Monat/Jahr

15. In welchem Zeitraum haben Sie an Gewicht abgenommen?

von .... bis .... ( ) 79-80
             Monat/Jahr   Monat/Jahr c_2

Wie hoch war Ihr Gewicht zu Beginn dieses Zeitraumes?
(Angabe bitte in kg)
.... ( ) 7-8

Wie groß waren Sie zu dieser Zeit? .... ( ) 9-10
(Angabe bitte in cm)

16. Welches war Ihr <u>niedrigstes Gewicht</u> (im Zusammenhang
mit Ihrer Gewichtsabnahme)? .... ( ) 11-12
(Angabe bitte in kg)

Wann hatten Sie dieses Gewicht? .... ( ) 13-15
                        Monat/Jahr

Wie groß waren Sie zu dieser Zeit? .... ( ) 16-17
(Angabe bitte in cm)

17. Waren Sie mehr als einmal wegen großer Gewichtsverluste für eine Weile im Krankenhaus?

ja .... ☐ 1   18
nein .... ☐ 2

18. Hatten Sie einmal eine Zeitlang (mehr als 3 Monate)
keine Monatsblutung?

- ja .... ☐ 1   19
- nein .... ☐ 2

Falls ja, bitte den Zeitraum angeben, in dem dies der
Fall war: von .... bis .... ( ) 20-21
(sollte die Monatsblutung mehr als einmal für längere
Zeit ausgeblieben sein, bitte auf die längste Pause
beziehen)

Welches Gewicht hatten Sie zu diesem Zeitpunkt? .... ( ) 22-23
(Angabe bitte in kg)

19. Was stellten Sie zuerst fest, das Ausbleiben
Ihrer Regel oder die Gewichtabnahme?

          - Ausbleiben der Regel .... ☐   1

          - Gewichtsabnahme .... ☐   2   24

          - beides ungefähr gleichzeitig ☐   3

Die folgenden 4 Fragen beziehen sich auf Ihren derzeitigen
Menstruationsrhythmus, ähnlich wie die Frage Nr. 12, die
sich auf Ihren Menstruationsrhythmus vor Ihrer Gewichtabnahme bezogen hat.

Bitte beantworten Sie daher diese 4 Fragen nur, wenn Sie
nach Ihrer Gewichtabnahme wieder Monatsblutungen hatten.
Sonst weiter mit Frage 24!!!!!!

20. Nach der Zeit meiner Gewichtabnahme hatte ich
meine erste Menstruation am .... ( )   25-26
                        Monat/Jahr

Zu diesem Zeitpunkt wog ich .... ( )   27-28
(Angabe bitte in kg)

21. Meine Menstruation tritt jetzt auf:
(bitte Zutreffendes ankreuzen)

          - regelmäßig alle 28 Tage
            (mit Schwankungen um weni-
            ge Tage .... ☐   1

          - regelmäßig, aber kürzer
            als 28 Tage .... ☐   2

          - regelmäßig, aber länger
            als 28 Tage .... ☐   3

          - alle 28 Tage (mit Schwankun-
            gen ± 1 Woche) .... ☐   4   29

          - alle 28 Tage (mit Schwankun-
            gen ± 2 Wochen) .... ☐   5

          - 3 bis 7 mal im Jahr .... ☐   6

          - weniger als 3 mal im Jahr .. ☐   7

22. Gewöhnlich habe ich:
(Zutreffendes bitte ankreuzen)

          - eine leichte Blutung .... ☐   1

          - eine normale Blutung .... ☐   2   30

          - eine starke Blutung .... ☐   3

23. Wo befinden Sie sich momentan in Ihrem Menstruationsrhythmus?
(Zutreffendes bitte ankreuzen)

          - Ich stehe kurz vor meiner
            Menstruation .... ☐   1

          - Ich habe zur Zeit meine
            Tage .... ☐   2

          - Meine vorige Menstruations-
            blutung ist gerade vorbei ☐   3   31

          - Ich habe schon seit mehr als
            3 Monaten keine Blutung mehr ☐   4

24. Waren Sie oder sind Sie gegenwärtig wegen
    Menstruationsbeschwerden in Behandlung?
    (Zutreffendes bitte ankreuzen)

- ja .... ☐ 1

ich war im letzten Jahr wegen ☐ 2
Menstruationsbeschwerden in
Behandlung 32

ich bin zur Zeit wegen ☐ 3
Menstruationsbeschwerden in
Behandlung ....

- nein .... ☐ 4

25. Welche Methode der Schwangerschaftsverhütung
    wenden Sie gegenwärtig an?
    (hier können Sie mehrere Antwortmöglichkeiten ankreuzen)

- keine .... ☐ (0-1) 33
- "Aufpassen" (Coitus interruptus) ☐ (0-1) 34
- "Tage berechnen" (Knaus Ogino) ☐ (0-1) 35
- Temperaturmethode .... ☐ (0-1) 36
- "Gummis" (Präservative) ...... ☐ (0-1) 37
- "Scheidenzäpfchen" (chemische ☐ (0-1) 38
  Mittel) ....
- Gebärmutterkappe .... ☐ (0-1) 39
- Scheidendiaphragma .... ☐ (0-1) 40
- "Spirale" (Intrauterinpessar) . ☐ (0-1) 41
- "Pille" (Ovulationshemmer) .... ☐ (0-1) 42
- Ich habe mich sterilisieren ☐ (0-1) 43
  lassen ....
- Mein Partner hat sich sterili- ☐ (0-1) 44
  sieren lassen ....
- andere und zwar: .... ☐ (0-1) 45

26. Was ist Ihr Familienstand?
    (Zutreffendes bitte ankreuzen)

Ich bin: - ledig .... ☐ 1
             - verheiratet .... ☐ 2
             - verwitwet .... ☐ 3   46
             - geschieden .... ☐ 4
             - getrennt .... ☐ 5

27. Haben Sie eine feste Partnerschaft (Freund oder Ehemann)?
(Zutreffendes bitte ankreuzen)

- ja .... ☐   1
- nein .... ☐   2   47

28. Haben Sie lesbische Erfahrungen?
(Zutreffendes bitte ankreuzen)

- ja .... ☐   1
- nein .... ☐   2   43

29. Wie lange besteht Ihre Partnerschaft schon?
(Bitte tragen Sie die Dauer in Jahren und
Monaten ein)

Jahre: ☐☐   Monate: ☐☐   ( )
   49-50   51-52

30. Ich lebe in häuslicher Gemeinschaft mit:
(Hier können Sie mehrere Antwortmöglichkeiten
ankreuzen)

- Vater .... ☐   (0-1) 53
- Mutter .... ☐   (0-1) 54
- Geschwister .... ☐   (0-1) 55
- meinem Ehemann .... ☐   (0-1) 56
- meinem Partner .... ☐   (0-1) 57
- meiner Partnerin .... ☐   (0-1) 58
- meinem Kind/meinen Kindern ☐ (0-1) 59
- einer Wohngemeinschaft .... ☐ (0-1) 60
- Angehörigen .... ☐   (0-1) 61
- ich lebe allein .... ☐   (0-1) 62

31. Es folgen Fragen zu Schwangerschaft und Geburt.
Wieviele Kinder haben Sie?
(Bitte tragen Sie die Anzahl in Ziffern ein) ...... ☐☐
                  63-64

- Wann war Ihre erste Entbindung?
(Bitte Jahreszahl angeben) .... ☐☐☐☐
                  65-68

- Wann war Ihre letzte Entbindung?
(Bitte Jahreszahl angeben) .... ☐☐☐☐
                  69-72

- Hatten Sie Fehlgeburten?
  (Zutreffendes bitte ankreuzen)
  - ja .... ☐   (0-1) 73
                  bei meiner ersten Fehl-
                  geburt war ich ☐☐ Jahre alt   ( )
                                  74-75
                  ' (Bitte Alter einsetzen)
  - nein .... ☐   (0-1) 76

- Hatten Sie Schwangerschaftsabbrüche?
  - ja ....   (0-1) 77.
                  bei meinem ersten
                  Schwangerschaftsabbruch
                  war ich ☐☐ Jahre alt   ( )
                          78-79
                  (Bitte Alter einsetzen)
  - nein .... ☐   (0-1) 80

                                              C_3

32. Mein Alter
    (Bitte tragen Sie Ihr Alter in Jahren ein) .... ☐☐   ( ) 7-8
    Meine Größe (in cm)   ....   ( ) 9-11
    Mein Gewicht (in kg)   ....   ( ) 12-13
33. Was ist Ihre Religionszugehörigkeit?
    (Zutreffendes bitte ankreuzen)
    - evangelisch .... ☐   1
    - katholisch .... ☐   2
    - jüdisch .... ☐   3   14
    - andere .... ☐   4
    - ohne Religionszugehörigkeit ☐   5

Zum Schluß bitten wir Sie noch um einige Angaben zu Ihrem
beruflichen Werdegang.

34. Zu Ihrer Schulausbildung
    (Bitte kreuzen Sie den höchsten Abschluß an bzw.
    die Schule, die Sie zur Zeit noch besuchen)
    - Volksschule/Hauptschule ohne Abschluß .... ☐   1
    - Volksschule/Hauptschule mit Abschluß .... ☐   2
    - Realschule ohne Abschluß .... ☐   3   15
    - Realschule mit Abschluß .... ☐   4
    - Gymnasium .... ☐   5
    - Gesamtschule .... ☐   6
    - Hochschule/Fachhochschule ohne Abschluß .... ☐   7
    - Hochschule/Fachhochschule mit Abschluß .... ☐   8

35. Zu Ihrer Berufsausbildung
    (Zutreffendes bitte ankreuzen)
    - ich besuche noch die Berufschule und habe
      eine Lehrstelle .... ☐ 1
    - ich besuche noch die Berufschule und habe
      keine Lehrstelle .... ☐ 2
    - keine Berufsausbildung .... ☐ 3   16
    - nicht abgeschlossene Lehre .... ☐ 4
    - abgeschlossene Lehre .... ☐ 5
    - nicht abgeschlossenes Studium .... ☐ 6
    - abgeschlossenes Studium .... ☐ 7

36. Welches ist Ihr erlernter Beruf?
    (Bitte in Worten eintragen) .... ( ) 17-18
    Falls Sie noch nicht berufstätig sind,
    geben Sie Ihren Berufswunsch an .... ( ) 19-20

37. Welche Berufstätigkeit üben Sie gegenwärtig aus?
    (Zutreffendes bitte ankreuzen)
    - keine Berufstätigkeit .... ☐ 1
    - Arbeitslose .... ☐ 2
    - Auszubildende .... ☐ 3
    - Schülerin .... ☐ 4
    - Studentin .... ☐ 5
    - ungelernte oder angelernte Arbeiterin ...... ☐ 6   21-22
    - Facharbeiterin .... ☐ 7
    - einfache oder mittlere Angestellte .... ☐ 8
    - höhere Angestellte .... ☐ 9
    - Beamtin .... ☐ 10
    - Selbständige .... ☐ 11
    - Rentnerin .... ☐ 12
    - Hausfrau .... ☐ 13

38. Sind Sie einer Doppelbelastung in Haushalt und
    Beruf bzw. Schule ausgesetzt?
    (Zutreffendes bitte ankreuzen)
                - ja .... ☐ 2
                - nein .... ☐ 1   23
                - Hausarbeit wird geteilt . ☐ 3

39. Bitte geben Sie den gegenwärtig ausgeübten Beruf
    Ihres Ehemannes oder Partners an:
    (Zutreffendes bitte ankreuzen)

- keine Berufstätigkeit	☐	1
- Arbeitsloser	☐	2
- Auszubildender	☐	3
- Schüler	☐	4
- Student	☐	5
- ungelernter oder angelernter Arbeiter	☐	6
- Facharbeiter	☐	7
- einfacher oder mittlerer Angestellter	☐	8
- höherer Angestellter	☐	9
- Beamter	☐	10
- Selbständiger	☐	11
- Rentner	☐	12

24-25

40. Welches ist seine Berufsbezeichnung?
    (Bitte in Worten eintragen) ....   (   )   26-27

Falls Sie jünger als 17 Jahre alt sind, bitten wir Sie noch um
zusätzliche Beantwortung der Fragen 41 bis 52, sonst weiter mit
unserem letzten Punkt auf Seite 17!

41. Bitte geben Sie den gegenwärtigen Beruf Ihres
    Vaters an.
    (Zutreffendes bitte ankreuzen)

- keine Berufstätigkeit	☐	1
- Arbeitsloser	☐	2
- Student	☐	3
- ungelernter oder angelernter Arbeiter	☐	4
- Facharbeiter	☐	5
- einfacher oder mittlerer Angestellter	☐	6
- höherer Angestellter	☐	7
- Beamter	☐	8
- Selbständiger	☐	9
- Rentner	☐	0

28

42. Welches ist seine Berufsbezeichnung?
    (Bitte in Worten eintragen) .... ( ) 29-30

43. Bitte geben Sie den gegenwärtigen Beruf Ihrer
    Mutter an:
    (Zutreffendes bitte ankreuzen)
    - keine Berufstätigkeit .... □ 1
    - Arbeitslose .... □ 2
    - Studentin .... □ 3
    - ungelernte oder angelernte
      Arbeiterin .... □ 4
    - Facharbeiterin .... □ 5   31-32
    - einfache oder mittlere
      Angestellte .... □ 6
    - höhere Angestellte .... □ 7
    - Beamtin .... □ 8
    - Selbständige .... □ 9
    - Hausfrau .... □ 10
    - Rentnerin .... □ 11

44. Was ist ihre Berufsbezeichnung?
    (Bitte in Worten eintragen) .... ( ) 33-34

45. Haben Sie Geschwister?
    (Bitte die Anzahl in Ziffern eintragen)
    - Schwestern .... □ ( ) 35
    - Brüder .... □ ( ) 36

46. An welcher Stelle der Geschwisterreihe stehen
    Sie?
    (Bitte Zahl eintragen) .... □ ( ) 37

47. Fühlen Sie sich aufgeklärt?
    - ja .... □ 1
    - nein .... □ 2   38

48. Wie alt waren Sie, als Sie den ersten Hinweis auf
    Menstruation bekamen?
    (Bitte Alter in Jahren eintragen) .... □□ ( )
                                                    39-40

49. Wer hat Sie als erster über Menstruation
informiert?
(Zutreffendes bitte ankreuzen)

- Mutter	☐	1
- Vater	☐	2
- Schwester	☐	3
- Freundin	☐	4
- Bruder	☐	5
- andere Verwandte	☐	6
- Lehrer(in)	☐	7
- Arzt	☐	8
- Fernsehen	☐	9
- Zeitschriften	☐	10

41-42

50. Geben Sie bitte an, mit wem Sie Ihre Probleme
am besten besprechen können.
(Zutreffendes bitte ankreuzen)

- Mutter	☐	1
- Vater	☐	2
- Freundin	☐	3
- Schwester	☐	4
- Freund	☐	5
- Bruder	☐	6
- andere Verwandte	☐	7
- sonstige Bezugspersonen (bitte in Worten eintragen)	☐	8

43

51. Möchten Sie einmal eine eigene Familie haben?
(Zutreffendes bitte ankreuzen)

- ja	☐	1
- nein	☐	2

44

52. Haben Sie schon einmal mit einem Jungen
geschlafen?
(Zutreffendes bitte ankreuzen)

- ja	☐	(0-1) 45
wir haben Petting gemacht	☐	(0-1) 46
es kam zum Coitus	☐	(0-1) 47
ich habe regelmäßigen Geschlechtsverkehr	☐	(0-1) 48
- nein	☐	(0-1) 49

Wir möchten Ihnen Gelegenheit geben, Anmerkungen
oder Kritik zu äußern.
(Äußern Sie sich in der freien Fläche)

(O-1)   50

Am Ende der vielen Fragen an Sie wollen wir uns herzlich für
Ihre Mühe und Ausdauer beim Beantworten bedanken.
Sie haben uns damit sehr geholfen, den Bereich des Menstruations-
Erlebens näher zu erforschen.

Frauen in Geschichte und Gesellschaft
Herausgegeben von Annette Kuhn und Valentine Rothe

Gertrud Pfister (Hrsg.)
Zurück zur Mädchenschule?
Beiträge zur Koedukation
1988. Ca. 240 Seiten, br., zahlreiche Quellen,
ISBN 3-89085-226-2, 38,- DM

Bärbel Clemens
'Menschenrechte haben kein Geschlecht!'
Zum Politikverständnis der bürgerlichen Frauenbewegung
1988. 214 Seiten, br., ISBN 3-89085-227-0, 38,- DM

Elke Harten/Hans-Christian Harten
Frauen - Kultur - Revolution 1789-1799
Feminismus und Politik in der Französischen Revolution
1989. Ca. 250 Seiten, br., zahlreiche Abbildungen und Quellen, ISBN 3-89085-257-2, 36,- DM

Ilse Brehmer (Hrsg.)
Mütterlichkeit als Profession?
Lebensläufe von deutschen Pädagoginnen in der ersten Hälfte dieses Jahrhunderts
1989. Ca. 250 Seiten, br., ISBN 3-89085-258-0, 32,- DM

Ilse Brehmer/Karin Ehrich
Mütterlichkeit als Profession?
- Biographien -
1989. Ca. 250 Seiten, br., ISBN 3-89085-259-9, 32,- DM

Leonore Siegele-Wenschkewitz/ Gerda Stuchlik (Hrsg.)
Frauen und Faschismus in Europa
Der faschistische Körper
1989. Ca. 240 Seiten, br., zahlreiche Abbildungen, ISBN 3-89085-254-8, 38,- DM

Irmgard Klönne
Mädchen und Frauen in der deutschen Jugendbewegung
Weibliche Selbstbefreiung von den Weiblichkeitsbildern
1989. Ca. 200 Seiten, br., ISBN 3-89085-264-5, ca. 28,- DM

Régine Pernoud
Leben der Frauen im Hoch- und Spätmittelalter
aus dem Französischen von Claudia Opitz-Belakhal/ Roswitha Schmid
1989. Ca. 250 Seiten, br., ISBN 3-89085-265-3, ca. 38,- DM

Ursula Aumüller-Roske (Hrsg.)
Frauenleben - Frauenbilder - Frauengeschichte
1988. Ca. 250 Seiten, br., ISBN 3-89085-277-7, 28,- DM

Ute Weinmann
Frauenbewegungen im Mittelalter
1989. Ca. 300 Seiten, br., ISBN 3-89085-278-5, 38,- DM

Marion Klewitz/Ulrike Schildmann/ Theresa Wobbe (Hrsg.)
Frauenberufe - hausarbeitsnah?
Zur Erziehungs-, Bildungs- und Versorgungsarbeit von Frauen
1989. Ca. 300 Seiten, zahlreiche Abbildungen, br., ISBN 3-89085-325-0, ca. 28,- DM

Irmgard Roebling (Hrsg.)
Lulu, Lilith, Mona Lisa ...
Frauenbilder der Jahrhundertwende
1989. Ca. 250 Seiten, zahlreiche Abbildungen, br., ISBN 3-89085-318-8, 28,- DM

Arbeitsgemeinschaft interdisziplinäre Frauenforschung und -studien (Hrsg.)
Frauenforschung und Kunst von Frauen
Feministische Beiträge zu einer Erneuerung von Wissenschaft und Kunst

Teilband 1: "Das Verhältnis der Geschlechter", Katalog zur Ausstellung im BONNER KUNSTVEREIN, 1989. 148 Seiten, 11 Farb-, 87 s/w-Abbildungen, ISBN 3-89085-319-6, 28,- DM

Teilband 2: Wissenschaftliche Ergebnisse des gleichnamigen Symposiums, 1989.
Ca. 250 Seiten, ISBN 3-89885-320-X, 38,- DM

(Beide Teilbände zusammen zum Vorzugspreis von 56,- DM, ISBN 3-89085-332-3)

Centaurus-Verlagsgesellschaft · Pfaffenweiler